家语妈妈
情商口才课

贾静 · 著

山东教育出版社

图书在版编目（CIP）数据

家语妈妈情商口才课 / 贾静著 . — 济南：山东教育出版
社，2021. 3
　ISBN 978-7-5701-1587-7

　Ⅰ . ①家… 　Ⅱ . ①贾… 　Ⅲ . ①情商 – 能力培养 – 少儿
读物 　②口才学 – 少儿读物 　Ⅳ . ①B842.6-49 　②H019-49

中国版本图书馆CIP数据核字（2021）第032438号

JIAYU MAMA QINGSHANG KOUCAI KE

家语妈妈情商口才课
贾　静　著

主管单位：山东出版传媒股份有限公司
出版发行：山东教育出版社
　　　　　地址：济南市市中区二环南路2066号4区1号　　邮编：250003
　　　　　电话：（0531）82092660　　网址：www.sjs.com.cn
印　　刷：山东新华印务有限公司
版　　次：2021年3月第1版
印　　次：2021年3月第1次印刷
开　　本：880毫米 ×1250毫米　1/32
印　　张：8.75
印　　数：1 – 8000
字　　数：168千
定　　价：39.00元

（如印装质量有问题，请与印刷厂联系调换）印厂电话：0538-6119313

序言

　　孩子喜欢听故事，对于妙趣横生的经典故事，更是百听不厌。可由"听"上升为"说"，却并非轻而易举之事。其实，孩子生来就有"说"的潜能，只是平时的教育，包括语文教学，对"说"没有高度关注，让孩子"说"的潜能不能喷薄而出，甚至在无意中将其扼杀于摇篮之中了。孩提时代是开发"说"的潜能的最佳时段，如果错失良机，在孩子长大成人之后再进行训练则是难上加难。

　　一些家长看着自己的孩子"欲说还羞"的样子，也在想方设法寻找改变的途径，以期让孩子拥有一副较好的口才。

　　贾静当过小学音乐老师，在山东广播电视台做过20年少儿节目制作人，又是一个会教育孩子的好家长。她具备教师、制作人和母亲的三重身份，所以不少家长向贾静讨教，以期通过某种技术训练让孩子在短时间内步入口若悬河的境界之中。贾静认为，要想拥有一副好口才，确实需要技术训练。尽管单纯的技术训练可以提高一定的口才水平，但是由于缺少思想与文化内涵，终究也只能在浅层次"徘徊复徘徊"。口才极佳者，不但需要高超的技艺，而且需要高尚人格与厚重文化素养的支撑。他可以将古今中外的经典信手拈来，了无痕迹地熔铸于所说的内容之中，让其所谈具有文化的张力与精神的气象。如果没有深厚的文化积淀，即使将所讲内容背得滚瓜烂熟，也会给人以索然无味之感。

如何解决这个问题？贾静选择了经典。因为经典文化中，不但摇曳着智慧的光华，也流动着思想的要义。读得多了，经典中的智慧与思想就会"随风潜入夜，润物细无声"地走进孩子的心田。有了经典文化之本，在升华生命境界的同时，说起话来，也多可出口成章且意味悠长。

我在喜马拉雅（音频分享平台）上听《家语妈妈故事屋》（家语妈妈系贾静的网名）的时候，在钦佩于贾静那悦耳动听且又行云流水般讲说的同时，更被她蕴藏于语言之中的饱满的情感及高尚的情怀所震撼。比如"负荆请罪"这个近乎妇孺皆知的故事，由于我在曲阜师范学校（今济宁学院初等教育学院）上课的时候已经教过，一般人叙说这个故事很难动我心魂。可是，近日在喜马拉雅（音频分享平台）上听贾静讲的时候，泪水竟不自觉地流溢而出。蔺相如为了国家大业而忍辱负重的高贵品格，廉颇过而能改的负荆请罪精神，通过她那看似平缓实则情感荡漾的讲述，如惊涛拍岸般荡涤着我的心海，似乎让我也走进了那个壮美的生命场景里。

因此，2017年12月，贾静的情商口才课堂在喜马拉雅（音频分享平台）上线之后，听之者众且好评如潮。将这些节目内容再行编选而成的《家语妈妈情商口才课》一书，以文本的形态让我们感受她的匠心所在，聆听她的生命回响。

　　本书生动有趣的故事中，无一不蕴含着做人的道理，孩子在"读"与"说"的过程中，道理便会于无声处浸润到他们的灵魂里。有了这种生命之根，再训练"说"的时候，就有了精神底气，具备了生命的能量。孩子们在爆发出生命张力的同时，也水到渠成地步入到高水平口才的殿堂。

　　谈及这本书，贾静说，这还是一本面向未来的教育书。如果说工业时代的突出特点是知识驱动和知识竞争的话，那么网络化、智能化时代，便是一种爱心与智慧的驱动；是诚意、正心与修身，以及想象力、创造力、领导力、担当力等的驱动，这些都属于品质与智慧。缺失了品质，即使才高八斗，也很难为社会做出更大的贡献；没有智慧，即使具有超常的记忆力，也只能是一台无声的机器而已。

　　贾静编写这本书的目的，恰恰是面向未来的。它能让小读者乐此不疲地沐浴于仁爱与智慧的天地里，从而达到"蓬生麻中，不扶而直"的目的。从这个意义上说，这本书不只是让学生拥有好的口才，还是为整个生命奠基。

　　贾静编写这本书，有着得天独厚的条件。她那优雅得体的举止，荡漾着儿童情趣的声音，让孩子们情不自禁地产生"未成曲调先有情"的感觉。这是她的"魔法"，是千锤百炼才拥有的功夫。同时，一以贯之的经典之读，让她拥有了"腹有诗书气自华"的文化气质。在她讲故事的时候，就有了生命的底气，也有了常人难以达到的境界。

此外，不同于一般专家学者，贾静认为，古代经典原文历史久远，对于孩子乃至有些家长来说，读之难懂，让他们望而却步。为此，贾静将原文翻译成通俗易懂且喜闻乐见的语言，又与当下的生活场景相连接。孩子们不仅能产生阅读的兴趣，还能感到经典的要义并非遥不可及，而是可以用于现实生活之中的。孔子主张教学要"因材施教"，编书亦当如是，一定要心有读者，不然，即使学术性再强，孩子与家长也未必乐于去读。

收入本书的 32 个经典故事，一小部分选自小学语文教材，绝大多数来自初中与高中语文教材。儿童时期是记忆的黄金时段，"时过然后学，则勤苦而难成"。儿童用较少的时间就可以记下很多的内容，再到中学学习这些课文时，不仅会学得快、学得好，还能为他学习其他学科腾出时间。对于学习任务越来越重、而传统文化内容考查比重逐步加大的初中和高中学生来说，经典内容的提前学习，无疑会对中、高考助益良多。

如此来学，一举多得而又未雨绸缪，何乐而不为呢？

陶继新

2020 年 7 月于济南

目录

六　智慧表达　妙语连珠，让你一开口就出彩

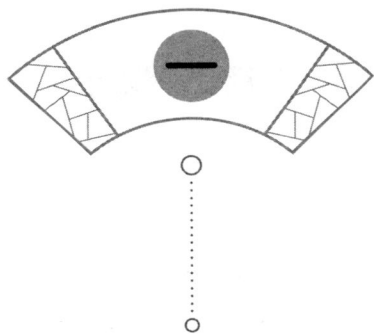

一

自我提升

做个彬彬有礼的小主人

第一课

怎样自我介绍，才能让人第一时间记住你？

战国时期风云起，赵国被困很紧急。

毛遂主动来请愿，众人嫌他没名气。

自我介绍有学问，毛遂自荐出新意。

语言表达力无比，它让世界了解你。

讲故事

自我介绍是每个人必备的一项基本能力，怎样自我介绍才能让人印象深刻，一下子就记住你呢？

家语妈妈先来给大家讲一个"毛遂自荐"的故事。

战国时期，各个国家之间经常打仗。有一次，赵国被秦国打败了，连都城邯郸都被包围了，国王被困在了都城里，眼看着就要撑不住了，情况十分危急。无奈之下，赵国国王就派弟弟平原君赵胜去楚国搬救兵。

赵胜说："我需要挑选二十个非常有本领的人一起去。"可是，赵胜在门客中挑来挑去，只找到了十九个合适的人，缺一个人怎么办呢？

就在这个时候，有一个叫毛遂的年轻人自告奋勇地走到了赵胜的面前，自我介绍说："我叫毛遂，自认为符合条件，可以跟您一起去！"

赵胜一看，这人很是面生啊，就问毛遂："先生在我这里待了多久了？"

"已经三年了。"毛遂说。

赵胜摇摇头说："有本事的人啊，就像布袋子里装了一把锥子，锥子尖肯定要刺破布袋，这是藏不住的。可你在我手下待了三年，我却从来没听说过你，看来是你没什么本事啊。我看你还是留下，别去了吧。"赵胜的意思已经很明显了，他觉得毛遂是个不出名的小角色，根本看不上他。

听了这话，毛遂不仅没有羞红脸落荒而逃，反而特别淡定。他底气十足地说："您以前没听说过我，是因为我今天才请求进您的布袋子。要是我这把锥子早就在布袋子里的话，整个锋芒都会露出来，可不单单只是露出那么点儿尖而已！"

赵胜一听，内心暗惊：呵，这个毛遂这么自信，气场非凡啊！眼下的情况万分紧急，赵胜就答应了毛遂，带着这二十个人赶往楚国。

到了楚国，商谈进行得很不顺利，赵胜与楚王从早上一直谈到中午，楚王还是不愿意出兵帮助赵国。

就在大家急得跺脚的时候，毛遂手握宝剑，冲到平原君和楚王面前，说："两句话就能说明白的事，说了这么久还不做决定，是为什么？"接着，毛遂直接持剑逼近楚王，又说了联合抗秦的各种好处，软硬兼施。楚王又是惊恐又是叹服，最终答应出兵救赵，解了赵国的国都之困。

学魔法

在我们的生活中，无论是进入新班级，认识新老师和新同学，还是竞选班干部、参加升学考试的面试，都需要做自我介绍。自我介绍做得好不好，直接决定了自己给别人留下的第一印象的好坏。如果第一印象不好，在以后的生活里就很难改变我们在别人心里的形象了。就像打广告，要是广告都不吸引人，谁还愿意去购买产品呢?

下面的小魔法可以让你的自我介绍更加出彩,轻松抓住别人的注意力,变得与众不同呢!

第一招:给自己贴标签。

在自我介绍中,除了姓名、年龄,大家还要思考两个问题:我是谁?有特殊的标签吗?

这个标签可以是你的爱好或者你的性格,总之一定要让人看到你最独特的地方,这样才更容易记住你。像故事中的毛遂,他的自我介绍充分展现了他超乎常人的自信和口才,让他的"老板"一下子被他吸引住。

有位同学进入一个新的班级,她可以对大家说:"大家好,我叫张艺凡。我特别喜欢唱歌,曾经在全校的文艺晚会上登台演唱。希望以后可以和大家一起开心地唱歌。"

另外,每个人的名字都是与众不同的,有的表达了家人的爱意,有的蕴含着家人的期望和祝福。巧妙地解释自己的名字,也能让大家很快记住你。

有个叫王彬彬的同学这样介绍自己:"我叫王彬彬,我的名字出自成语'彬彬有礼'。爸爸妈妈说人如其名,他们希望我成为一个很文雅、讲礼貌的孩子。"

还有一个让大家快速记住你的方式,就是用自己名字的谐音,或者是你自己很喜欢的外号,可以让大家一边笑一边记住活泼可爱的你。刘怡珊同学的自我介绍是这样的:"大家好,我叫刘怡珊。我还有个外号，包你马上记住我！我叫613！刘怡珊，613，哈哈！"再比如刚才那位爱唱歌的同学可以说："大家好，我叫张艺凡。因为我太喜欢唱歌了，所以大家都叫我'麦霸'或者'魔音大王'。"

第二招：讲故事。

要想让自我介绍给人留下深刻的印象，讲一个有趣的故事也是一件秘密武器。

毛遂站出来做自我介绍，他先说自己也是一把锥子，让赵胜对自己产生了浓厚的兴趣，然后又说自己是一把没有被发现的锥子，这就是一个好故事。

我们在自我介绍中，也可以讲一个关于自己的小故事。刚才那位爱唱歌的同学还可以说："大家好，我叫张艺凡，我特别喜欢唱歌。记得有一次，我在学校的文艺晚会上登台演唱，居然紧张得把话筒都拿反了！唱了几句，我才知道没声音，真是太尴尬了！可是台下的同学们不仅没有笑话我，反而给了我鼓励的掌声，让我一下子不害怕了！这次难忘的演唱让我更加自信了，也更加喜欢唱歌了。"

以这样一个有趣的故事引入，能一下抓住听众的注意力，还会让大家对你的自我介绍印象深刻。

第三招：强调自己的未来价值。

人们一般都喜欢记住对自己有用的人，因而在自我介绍中强调自己的价值是非常必要的。

在刚才的自我介绍中，张艺凡同学可以说："大家好，我叫张艺凡，我特别喜欢唱歌。不知道大家有没有觉得唱歌的时候，高音上不去、低音下不来？对于这个问题，我有自己的小窍门，以后可以教给大家。请大家记住我，一个爱唱歌的女孩——张艺凡。"

想一想，除了这三个小魔法，还有什么是自我介绍中重要的法宝呢？对了，那就是自信！如果毛遂不在关键时刻自信地站出来，勇于推荐自己，那么他就不可能有出使楚国的机会，他的才华还会继续埋没下去。

快露出你最自信的微笑，用上家语妈妈教你的这三个小魔法，你一定能够通过自我介绍赢得大家的认可。

长知识

1. 历史人物小名片

毛遂，战国时期赵公子平原君赵胜的门客，在平原君处三年未得展露才华。他自荐出使楚国，促成楚、赵合纵，声威大振，获得了"三寸之舌，强于百万之师"的美誉。

平原君，即赵胜，战国时期赵国人。赵武灵王之子，赵惠文王之弟。与齐国孟尝君、楚国春申君和魏国信陵君齐名，时称"战国四公子"。

2. 典故溯源

"毛遂自荐"的故事出自《史记》：

秦之围邯郸，赵使平原君求救，合从于楚，约与食客门下有勇力文武备具者二十人偕。平原君曰："使文能取胜，则善矣。文不能取胜，则歃血于华屋之下，必得定从而还。士不外索。取于食客门下足矣。"得十九人，馀无可取者，无以满二十人。门下有毛遂者，前，自赞于平原君曰："遂闻君将合从于楚，约与食客门下二十人偕，不外索，今少一人，愿君即以遂备员而行矣。"平原君曰："先生处胜之门下几年于此矣？"毛遂曰："三年于此矣。"平原君曰："夫贤士之处世也，譬若锥之处囊中，其末立见。今先生处胜之门下三年于此矣，左右未有所称诵，胜未有所闻，是先生无所有也。先生不能，先生留。"

毛遂曰："臣乃今日请处囊中耳。使遂蚤得处囊中，乃颖脱而出，非特其末见而已。"平原君竟与毛遂偕。

3．成语释义

毛遂自荐：借指自己推荐自己。

例句：他毛遂自荐的勇气打动了老师和同学们，成了全校第一个当上班长的转学生。

近义词：自告奋勇

反义词：畏缩不前

练口才

1．情景练习

进入新的班级竞选班干部，你很想获得这个锻炼机会，要怎样做自我介绍呢？

大家好，我叫_____，我想毛遂自荐，竞选咱班的_____。

我平时喜欢_____，是一个_____

的人。记得有一次，_____。如

果我能够成功竞选，我会_____。请大

家给我机会证明自己，服务大家！

2. 选一个你喜欢的历史人物或者小说、电影中的角色，用前

面所说的三个小魔法为他写一段自我介绍。

参 考 答 案

1. 情景练习

　　大家好，我叫路轩轩，我想毛遂自荐，竞选咱班的体育委员。我平时喜

欢踢足球、打篮球，是一个特别有毅力、对自己要求严格的人。记得有一

次，下了小雨，足球队的小伙伴都没来，我还是一个人完成了训练。如果我

能够成功竞选，我会帮助大家做体能训练，让大家爱上体育运动。请大家给

我机会证明自己，服务大家！

第二课

如何做个优秀的小主人？

唱儿歌

客从远方来，我当笑脸迎。

礼貌敬茶水，记得多说请。

把客送出门，笑约再相逢。

讲故事

孔子曰："有朋自远方来，不亦乐乎。"热情好客是我们中华民族的传统美德，而招待客人达到的最好效果正是"宾至如归"。

春秋时期，郑国的大臣子产陪伴国君郑简公带着很多礼物出访晋国。

可是，当他们来到晋国的时候，晋平公却以鲁国有丧事为借口，没有迎接他们。这让前来做客的子产很不满意。要知道，子产可不是个任人拿捏的"软柿子"呀，他想：既然晋平公这么无礼，那就别怪我以牙还牙！

于是子产直接命令随行人员把他们将要入住的宾馆围墙全部拆掉，大摇大摆地将车马开了进去。

晋平公听说了这个消息，立刻火冒三丈，派大臣来到宾馆责问子产："为了防止盗贼闯入，保障宾客的安全，我们特意修建了这座宾馆，建起了厚厚的围墙。你们为什么把围墙拆掉了？"

子产对大臣说："我们郑国是小国，这次是前来进献贡品的。偏偏遇上你们的大王没有空，也没什么命令下来，没有固定的朝见时间，我们就只能等着呗。如果不拆掉围墙，车马不能进去，带来的礼物放在外面风吹日晒，要是坏了的话，罪过可就大了！我听说呀，过去晋文公做盟主的时候，自己住的地方又低又小，可是接待客人的宾馆却造得又高又大。客人来了，样样都有人照应，舒服得就像回到自己家一样，哪会害怕有盗贼闯入呢，又怎么可能不安全？可你看看现在，你们国君住的房子又高又大，客人却住得又小又破，连车马都进不去。情况就是如此，您还有什么指示吗？"

大臣回去向晋平公报告情况，晋平公听了感到非常羞愧，于是马上接见郑简公，很隆重地宴请了他，还立刻下令重修宾馆。

郑简公临走时，晋平公还回赠了很多礼物。

这就是"宾至如归"的故事。这个词也流传至今，用来形容主人的招待贴心周到，令客人十分满意，像回到了自己的家一样。

学魔法

请你来和家语妈妈一起学习下面的小魔法，它们能帮助你快速成为优秀的小主人，让客人收获宾至如归的感觉！

第一招：开心迎客。

当客人来到家里时，首先要做的就是开心地欢迎客人，向客人问好。

在这里，家语妈妈要教大家三个字。不管家里来什么样的客人，只要说上这三个字，保证每位客人都会非常开心。那就是带着真诚的笑脸，热情洋溢地说出："欢迎您！"

第二招：贴心待客。

向客人问好之后，就是招待客人了。晋文公把接待客人的宾馆建造得像国君的寝宫一样，方方面面都照顾得相当周到，宾客们过得非常舒心。

我们招待客人的时候，也要注意一些基本的待客礼仪，贴心地考虑到客人的需要。想一想，客人远道而来，是不是渴了、饿了。我们可以把家里的饮料、水果、点心等拿出来和客人分享。想一想，客人自己在客厅坐着的话，是不是会尴尬。那么就跟客人聊聊天吧，谈谈学校里的趣闻，可千万不能不理客人，这是很没有礼貌的表现。

如果是爸爸妈妈的客人，在大人们聊天的时候，我们不要随便打扰。要是觉得对大人们的聊天不感兴趣，可以在打过招呼后，回到自己的房间。要是客人带着小弟弟、小妹妹一起来做客，可以带弟弟、妹妹参观你的房间，陪他（她）一起玩，这样大人们会觉得你非常懂事。

第三招：暖心送客。

当客人准备走的时候，我们该如何送客呢？

最基本的就是要把客人送到门口，并对客人说："欢迎您经常来我家！"

最后一个关键的细节是要目送客人离开。

如果是有电梯的楼房，要等电梯来到之后，再和客人说再见，看着客人走进电梯，然后关上门。如果客人一踏出门口，主人就关上自家大门，撇下客人一个人在走廊，这会让人觉得受冷落了。

另外，如果我们也能像晋平公一样，为客人准备一点小小的礼物带回去，那就更好啦！这个小礼物一定会给对方留下一段美好的回忆。

长知识

1. 历史人物小名片

子产，春秋时期郑国著名的政治家、思想家，在内政、外交方面都很有才能。

2. 典故溯源

"宾至如归"的故事出自《左传》：

宾至如归，无宁灾患，不畏寇盗，而亦不患燥湿。

3. 成语释义

宾至如归：客人到这里，就像回到自己家里一样。形容招待客人热情周到。

例句：今晚聚会的主人热情大方且细心体贴，让每个人都有宾至如归的感觉。

近义词：无微不至

反义词：漠不关心

练口才

1. 情景练习

（1）下面来做一组判断题吧。想象一下，如果你去别人家做客，听到下面这几句话，你是高兴还是难过。

① "你怎么又来我家了？"

② "你能来我家真是太好了！"

③ "我没时间理你，你还是回家吧！"

④ "你自己坐着吧，我去玩游戏了！"

⑤ "你渴不渴，我给你倒杯水吧！"

⑥ "一路辛苦了，一定很饿吧。我给你做好吃的！"

⑦ "常来玩呀，我可喜欢家里热热闹闹了！"

⑧ "都是因为你们来做客，家里才变得乱糟糟的。"

⑨ "您慢走，路上注意安全！"

（2）让我们换位思考一下，在面对客人时，哪些话是礼貌得体的，哪些话是让人不舒服的。下面，在这个情境里尝试一下，证明你是一位有礼貌的小主人吧！

（妈妈单位的张阿姨带着她的女儿来做客，妈妈让你先招待一下。）

第一步：开心迎客。门铃响，开门。

张阿姨：宝贝，你好！我是你张阿姨，还记得我吗？这是我女儿小美。

我：＿＿＿＿＿＿＿＿＿＿＿＿＿＿＿＿＿＿＿！

第二步：贴心待客。将茶壶、水果、糖果等摆到茶几上。

我：＿＿＿＿＿＿＿＿＿＿＿＿＿＿＿＿＿＿＿！

张阿姨：谢谢宝贝！真是太周到了！

我：不客气！小美，＿＿＿＿＿＿＿＿＿＿＿＿＿。

第三步：暖心送客。

张阿姨：谢谢你今天的热情招待，我们就先回去啦！

我：_____，再见！

2. 小朋友们，要想做位合格的小主人，一定要把亲朋好友的称谓讲对。下面就来练习一个和亲戚有关的绕口令吧。

姑姑隔着隔扇去钩鼓，

鼓高姑姑难钩鼓，

哥哥帮姑去钩鼓，

姑姑帮哥哥把小褂儿补。

参 考 答 案

1. 情景练习

（1）①"你怎么又来我家了？"（难过）

②"你能来我家真是太好了！"（高兴）

③"我没时间理你，你还是回家吧！"（难过）

④"你自己坐着吧，我去玩游戏了！"（难过）

⑤"你渴不渴，我给你倒杯水吧！"（高兴）

⑥"一路辛苦了，一定很饿吧。我给你做好吃的！"（高兴）

⑦"常来玩呀，我可喜欢家里热热闹闹了！"（高兴）

⑧"都是因为你们来做客，家里才变得乱糟糟的。"（难过）

⑨"您慢走，路上注意安全！"（高兴）

（2）第一步：开心迎客。门铃响，开门。

张阿姨：宝贝，你好！我是你张阿姨，还记得我吗？这是你女儿小美。

我：张阿姨，快请进！您和小美来我家玩，我真是太开心了！

第二步：贴心待客。将茶壶、水果、糖果等摆到茶几上。

我：阿姨、小美，你们快吃，这是特意为你们准备的！

张阿姨：谢谢宝贝！真是太周到了！

我：不客气！小美，我新买了一本漫画书，你想看吗？我去拿给你。

第三步：暖心送客。

张阿姨：谢谢你今天的热情招待，我们就先回去啦！

我：阿姨、小美，这是我给你们准备的小礼物。欢迎你们下次再来做客，
再见！

第三课

如何做个好哥哥、好姐姐?

唱儿歌

四岁学童小孔融，尊老爱幼记心中。

一家齐聚分吃梨，孔融谦让显睿聪。

先长后幼有顺序，只把最小留手中。

谦虚礼让是美德，留下佳名共传颂。

讲故事

大家有没有听过"长兄如父"这个词啊？它的意思是家中父母不在时，哥哥要像父亲一样，承担起教育弟弟妹妹的责任；同时，弟弟妹妹也要像尊敬父亲那样尊敬哥哥。小朋友们，你家里有弟弟妹妹吗？你是不是合格的大哥哥、大姐姐呀？在学校里，也会遇到低年级的小朋友，他们都是你的学弟学妹，你知道要怎么和他们相处吗？

如果不知道呀，也别着急。家语妈妈先给大家讲一个"孔融让梨"的故事，我们看看孔融是怎么做的吧。

孔融是东汉时期鲁国人，也就是现在的山东曲阜人，是大圣人孔子的后代。据说，在孔融四岁的时候，跟哥哥们一起吃梨，这盘梨有大有小，孔融来分梨。

孔融有没有先把大梨吃掉，再把小的分给别人呢？当然没有啦！聪明乖巧的小孔融把大梨分给了哥哥们，给自己留了一个最小的。

有人看到了，就好奇地问孔融："你为什么把大的分给别人，自己却留了一个最小的呢？"

孔融说："我年纪小，应该吃小的，大梨应当给哥哥们。"

就这样，孔融四岁懂得让梨的故事很快传遍全国各地，流传到了今天。

学魔法

孔融是一个特别懂事的孩子，他不仅明白长幼有序的道理，还知道照顾其他孩子，是我们学习的榜样。

家语妈妈要教你下面的小魔法，让你也成为像孔融一样懂事知礼的好孩子。

第一招：主动承担照顾弟弟妹妹的责任。

爸爸妈妈每天上班是很辛苦的。如果我们可以学着帮忙照顾弟弟妹妹，就能帮他们减轻一些负担，他们会非常欣慰的。

放学以后，我们可以带着弟弟妹妹一起做课后作业，给弟弟妹妹讲一讲他们不懂的题目。跟弟弟妹妹分工，一起做一些力所能及的家务活。比如我来刷碗，你来擦桌子。当爸爸妈妈忙的时候，陪弟弟妹妹做游戏，或者给他们讲讲故事，说说学校里发生的有意思的事情。等爸爸妈妈忙完，就带着弟弟妹妹去抱抱他们吧，爸爸妈妈也需要爱的鼓励呀！和弟弟妹妹一起，用爱的行动回报爸爸妈妈：我给妈妈端洗脚水，你给爸爸捶捶肩。

快带领弟弟妹妹，行动起来吧！

第二招：为弟弟妹妹树立榜样。

你是哥哥姐姐，你的一言一行都会成为弟弟妹妹模仿和学习的对象。如果你勤奋学习，在家里经常帮忙做家务，对爸爸妈妈常说些温暖的话，尊敬长辈，弟弟妹妹会看在眼里，学着你的样子，成为和你一样懂事的孩子。你就是他们的榜样呀，因而要十分注意自己说话做事的方式，千万不能因为自己一时的坏情绪，说出不礼貌的话、做出过分的事，这样弟弟妹妹会跟着学坏的。

作为哥哥姐姐，如果我们一开口就是"我想怎么怎么样"，就太以自我为中心了。说话时记得把"你"放在前面，像小孔融一样，有好东西的时候，把别人放在前面。当爸爸妈妈给你们带了玩具回来，应该说"妹妹你先挑，然后我再选"。

要当好哥哥好姐姐，就要学会先想别人，后想自己呀！

第三招：客观冷静地解决冲突。

当我们和弟弟妹妹有小摩擦、不愉快的时候，一定要控制好自己的情绪。他们还是"小不点"，我们已经是大孩子了，更要讲道理、懂礼貌，千万不能和弟弟妹妹争吵、打架。如果自己受了委屈解决不了，要及时向长辈求助。

对于弟弟妹妹的要求，不能不问对错、全部满足。要让每个人都得到一点想要的东西，也要让他们明白不能随心所欲的道理。既要谦让，也要公平嘛！

如果弟弟妹妹遇到困难，我们要理解并认真倾听他们的心声，给予安慰与支持。为了转移他们的注意力，在爸爸妈妈的允许下，可以带他们到喜欢的游乐场或者餐厅。如果在学校有人欺负他们，要尽力保护他们，及时向老师、爸爸妈妈反映问题。

同时，也要注意尊重弟弟妹妹的自主权，尊重他们的隐私。让他们自己做主，有自己独立的小空间，不必非要听从你的建议，不要强迫他们做不感兴趣的事情。

当然了，家语妈妈给大家讲"孔融让梨"的故事并不是说我们要一味地忍让，毕竟每个人都是平等的，都应当得到尊重。家语妈妈是想让小朋友们从这个历史小故事中学习孔融的美德和气度。在适当的时候，发扬风格、尊老爱幼，能为我们增添不少人格魅力呢！

长知识

1. 历史人物小名片

孔融，字文举，东汉时期鲁国人。著名文学家，"建安七子"之一。孔子的二十世孙、泰山都尉孔宙之子。

2. 典故溯源

"孔融让梨"的故事出自《世说新语笺疏》：

《融别传》曰："融四岁，与兄食梨，辄引小者。人问其故。答曰：'小儿，法当取小者。'"

练口才

1. 情景练习

（1）妈妈下班回来了。

我：妈妈，_____。

妈妈：谢谢你，真是懂事的孩子啊。

我：妈妈，您工作了一天，一定很辛苦，我_____。

妈妈：宝贝，谢谢你，妈妈正口渴呢！

（2）阿姨带弟弟来家里做客。

我：小弟弟你好，这些是我的玩具，_____。

弟弟：谢谢姐姐。

我：只剩下一根棒棒糖了，_____。

妈妈：真是个懂事的好孩子啊！

2.一起练习下面的绕口令吧！

一把长尺子，

一把短尺子。

长尺子一米十四，

短尺子四米一十。

四米一十的短尺子比一米十四的长尺子长，

一米十四的长尺子比四米一十的短尺子短。

参 考 答 案

1.情景练习

（1）我：妈妈，<u>您下班了，我给您拿拖鞋</u>。

妈妈：谢谢你，真是懂事的孩子啊。

我：妈妈，您工作了一天，一定很辛苦，<u>我给您倒杯热茶</u>。

妈妈：宝贝，谢谢你，妈妈正口渴呢！

（2）我：小弟弟你好，这些是我的玩具，<u>你想玩哪一个我给你拿</u>。

弟弟：谢谢姐姐。

我：只剩下一根棒棒糖了，<u>弟弟比我小，给弟弟吃吧</u>。

妈妈：真是个懂事的好孩子啊！

第四课

如何认识新朋友？

唱儿歌

天下乱，刘备急，报国无门何处去？

张飞大笑主动提，相约投军多快意！

酒馆谈笑正兴起，巧遇关羽同志趣。

桃园三人永结义，出生入死真兄弟。

讲故事

《红楼梦》有言："万两黄金容易得，知心一个也难求。"既然友情这么珍贵，那要如何交朋友呢？

家语妈妈先来给大家讲一个"桃园三结义"的故事。

话说，东汉末年，天下大乱。朝廷发布通告，想要召集各路英雄来拯救乱世。

刘备一心想为国家出力，无奈没兵没将、没钱没粮，只好摇头叹气。这时，从他身后挤过来一个满脸胡须、瞪着圆眼的黑脸大个儿。

这个糙汉嗓门又粗又大，对着刘备喊道："男子汉大丈夫，不想着为国家出力，在这里叹什么气啊？"

刘备一脸无奈地说："唉！我当然想为国家出力，但是又觉得自己的力量不够，才在这里叹气啊！"

黑脸大个儿听完，立马哈哈大笑，说："我叫张飞，我和你一样，也想为国效力。我家还有一点钱，我可以拿出钱来，咱们一起招兵买马，共图大事，怎么样啊？"

刘备一听，这简直说到自己心坎里了！两人便来到一个小酒馆里喝酒，所谓"酒逢知己千杯少"啊，可算遇到跟自己志同道合的朋友了。两个人把酒言欢，畅快极了！

俩人正聊得高兴，突然来了个红脸大汉，只听他对店小二喊道："快给我拿酒来，别耽误我去报名参军！"

刘备、张飞相视一笑，知道这又是一位有心报国的壮士，都非常欣赏他。正所谓"英雄惜英雄"，刘、张二人赶紧招呼他一起坐过来喝酒聊天。这个红脸大汉正是日后大名鼎鼎的关羽。

酒足饭饱后，三人来到张飞家的桃园，结拜为兄弟。刘备为大哥，关羽为二哥，张飞为三弟。此后数十年，三人同生死、共患难，比亲兄弟还亲，一起成长为名震天下的大英雄。

学魔法

刘备、关羽、张飞因偶然的相识，收获了一辈子的友谊。小朋友，你也想拥有这样的好朋友吗？

下面家语妈妈教给你三个小魔法，让你迅速地认识新朋友。

第一招：笑容。

张飞听到刘备解释叹气的原因后"哈哈大笑"，他的笑是为找到知音人而开心，是发自内心的、爽朗的笑。

张飞虽是一个黑壮的大汉，但并没有让刘备感到压力和害怕。原因是什么？就是因为张飞的笑容让刘备觉得很亲近，拉近了他与刘备的距离。

小朋友们去认识新朋友时，一定要记得露出你们灿烂的笑容啊！

第二招：主动。

如果张飞没有主动和刘备打招呼，邀请关羽一起喝酒，他怎么会收获刘备、关羽这两位肝胆相照、生死与共的好兄弟呢？

交朋友的机会往往是自己创造的，如果你不主动，认识好朋友的机会就可能偷偷溜走了。那多么让人遗憾呀！小朋友们要勇敢地迈出这一步，主动和其他小朋友打招呼，介绍自己，然后礼貌地提出自己的请求或者向对方发出邀请。主动表达你的好感，就可能收获加倍的回应呢！

第三招：寻找共同话题。

刘备、关羽、张飞三人为什么能一拍即合，成为结拜兄弟呢？原因就是他们有着共同的人生目标——报效国家。

找到共同点，朋友间就会有"原来你也是这样的，我们太有缘分了"的感觉。有了一致的话题，就会有说不尽的话。比如你发现同桌的铅笔盒上、课本上都贴了皮卡丘的贴纸，就可以主动问："你也喜欢皮卡丘吗？要不要周末一起去看《大侦探皮卡丘》这部电影？"这样你们就有了共同的话题，说不定还可以相约出去玩呢！

在认识新朋友的时候，分享你们共同喜欢的东西或讨论共同的话题，这样友谊就能迅速升温啦！

长知识

1. 历史人物小名片

刘备，字玄德，三国时期蜀汉开国皇帝，政治家。

关羽，字云长，三国时期蜀汉名将，被称为"美髯公"。关羽去世后，逐渐被神化，民间尊其为"关公"。

张飞，字翼德，三国时期蜀汉名将。张飞勇武过人，与关羽并称为"万人敌"。

2. 典故溯源

"桃园三结义"是小说《三国演义》里记载的故事：

飞曰："吾庄后有一桃园，花开正盛；明日当于园中祭告天地，我三人结为兄弟，协力同心，然后可图大事。"

练口才

1. 情景练习

新学期第一天，你和同学们都不太熟悉，紧张得不知道该说什么。要怎么打破尴尬，成功结交到新朋友呢？

第一步，微笑。

开口之前先绽放出你的灿烂笑容吧！

第二步，主动介绍自己。

"我叫_____，我来自_____，你呢？"

"我叫_____，我_____岁了，你呢？"

"你刚才唱歌唱得真好听，好厉害啊！我爱_____，你喜欢吗？"

第三步，寻找共同点。

"原来你也喜欢_____啊，我也是！"

"没想到你也是_____的铁杆粉丝啊，我要和你好好聊聊！"

"我记得你也喜欢_____，我最近也看了_____，觉得特别有意思！"

2. 微笑是结交新朋友最好的敲门砖，是需要练习的。练习微笑的诀窍就是一个字和一则绕口令。

（1）练习一个字——笑

汉语发音时，面部表情和字音字义是对应的，说"笑"字时脸上是笑的，说"哭"字时脸上是哭的，不信你可以对着镜子试试。每天对着镜子多练习几遍，既能练发音，又能让你不由自主地绽放灿烂的笑容。

（2）练习一则绕口令——《四是四》

四是四，十是十，

十四是十四，四十是四十，

谁能说准四十、十四、四十四，

就请谁来试一试。

（为什么这个绕口令可以练习笑容呢？因为说这个绕口令的时候，你会发现嘴角是向上翘的，牙齿是露出来的。天天练习，不仅可以磨嘴皮子，还能够让你笑口常开。）

3. 学说绕口令《三国人物歌》。

一杯酒，刘关张，

桃园结义情谊长。

虎牢关前战吕布，

杀退董卓离洛阳。（换气）

二杯酒，关云长，

力斩华雄酒未凉。

华容道上放曹操，

忠义二字万古扬。（换气）

三杯酒，张桓侯，

威震华夏鞭督邮。

大喝一声曹兵退，

当阳桥断水倒流。（换气）

四杯酒，赵子龙，

交城大战称英雄。

长坂坡前救阿斗，

东吴招婿保主公。（换气）

五杯酒，诸葛亮，

初出茅庐烧博望。

东吴巧舌战群儒，

草船借箭助周郎。（换气）

六杯酒，黄汉升，

年过七十立奇功。

巧设计谋烧粮草，

定军山下称英雄。（换气）

七杯酒，周公瑾，

赤壁大战烧曹军。

合肥再战张文远，

孙权马跳逍遥津。（换气）

八杯酒，数马超，

西凉起兵反曹操。

扶助刘备兴汉室，

五虎上将称英豪。（换气）

九杯酒，庞凤雏，

隐居高山读兵书。

蒋干盗书曹营去，

巧设连环助东吴。（换气）

十杯酒，姜伯约，

天水关前拜诸葛。

九伐中原军威震，

智勇双全事迹多。

参 考 答 案

1. 情景练习

第一步，微笑。

开口之前先绽放出你的灿烂笑容吧！

第二步，主动介绍自己。

"我叫李一凡，我来自青岛，你呢？"

"我叫刘昕，我10岁了，你呢？"

"你刚才唱歌唱得真好听，好厉害啊！我爱弹钢琴，你喜欢吗？"

第三步，寻找共同点。

"原来你也喜欢书法啊，我也是！"

"没想到你也是姚明的铁杆粉丝啊，我要和你好好聊聊！"

"我记得你也喜欢《变形金刚》，我最近也看了第三部，觉得特别有意思！"

第五课

如何改掉自己的坏脾气？

唱儿歌

林则徐，脾气急，误人误己伤身体。

老父亲，想一计，巧用故事来说理。

以此告诫林则徐，制怒二字放心里。

不可遇事太着急，改掉自己坏脾气。

讲故事

俗话说"气大伤身"，生气不仅有碍身体健康，还可能让我们口不择言，说出难听的话，伤害家人和朋友的感情。

可是有时候，我们就是控制不住自己的情绪，这该怎么办呢？家语妈妈给大家讲一个关于林则徐的故事，看看他是怎么做的吧。

电影《林则徐》中有这样一个情节：

广东海关监督豫堃和英国鸦片贩子勾结，破坏禁烟运动。林则徐知道后怒不可遏，当即把茶碗摔碎。可当他一抬头，书房里"制怒"两个字映入眼帘，他顿时沉住气，控制住怒火。第二天，他若无其事地接待豫堃，经过巧妙周旋，终于让豫堃乖乖地交出了修建虎门炮台的银两。这一情节再现了林则徐"制怒"的意志力。

那你们知道"制怒"这两个字是怎么来的吗？

原来，少年时代的林则徐虽然勤奋好学，才思敏捷，但是脾气太急了，经常因为一两句话就怒火冲天。父亲为了让他改掉坏脾气，就给他讲了这样一个故事。

说以前有一个判官，脾气非常急。

有一天，两个人绑着一个年轻人来到衙门，到了就说："大人，这人是个不孝子，经常打他的母亲。"

这个判官最看不惯不孝顺的人，立刻火冒三丈，气得眉毛都要竖起来了，二话不说就让人把这个年轻人打了五十大板。

就在这时，进来一位老奶奶哭着说："刚才有两个盗贼偷偷溜进我家后院偷牛，被我儿子看见，要送他们去官府。可是我儿子双拳难敌四手，反倒被盗贼绑走了！求大人赶紧帮我找找儿子吧，我只有这一个孝顺的儿子啊！"

判官一听，心中"咯噔"一下：莫非是刚才挨打的那个年轻人？这不是打错了人嘛！

想到这儿，判官赶紧叫人去抓那两个盗贼，坏人却早就不见踪影了。判官才知道，两个小偷是恶人先告状，自己却不分青红皂白，一着急就办错了案子。

林则徐听完父亲给他讲的故事恍然大悟，急躁的坏脾气，真的是会误大事啊。于是林则徐就在书房最显眼的地方挂了亲笔书写的"制怒"二字，时时提醒自己控制情绪，不能因为坏脾气而犯错误。

学魔法

看来就算是人人称颂的"民族英雄"林则徐，也需要"小纸条"来提醒自己不要冲动呀！我们也要像林则徐一样，培养自己遇事冷静、不急不怒的性格。那么让我们一起来学习改掉自己坏脾气的小魔法吧！

第一招：管住自己的嘴巴，不说过头话。

人在过分激动的时候，最容易说过头话、赌气话。不光是小朋友，爸爸妈妈们也要学会控制自己。有时候一句过头话给人带来的伤害是巨大的。世上没有后悔药，话一出口就收不回来了，因而一定要管住自己的嘴巴！

妈妈不小心撕坏了你最喜欢的笔记本，在你特别生气的时候，感觉"你走开！我讨厌你"这样的话就在你的嘴边，马上憋不住了。这时可以换种说法："抱歉，我现在心情很差，不想说话。请让我缓一下。"这样既可以表达你的情绪，又不至于说得很过分。越是亲近的人，越不能因为一时生气说出难听的话伤害对方呀！

第二招：转移注意力。

当你生气时，最好尽快离开让你生气的人或者地方，到其他地方换换心情，以转移发怒的情绪。散散步、逛逛公园、看看电影、听听音乐，用各种办法使自己的注意力从惹你发怒的人或事转到其他方面上。

在这儿，家语妈妈偷偷教你一个帮助爸爸妈妈不发火的小窍门。假如你晚上写作业，磨磨叽叽，妈妈怎么教你都学不会。当她控制不住脾气向你发火时，你就可以采用"标识物警告法"。

在我们家，我就和家语约定好，用家语给我画的一幅画来做标识物，由家语决定什么时候出示，这就相当于给了孩子一柄"尚方宝剑"。当我忍不住发火的时候，家语便可以拿出来保护自己，提醒我：妈妈现在情绪失控，需要冷静。当孩子拿出来时，我为了信守承诺，再大的火也得憋着，不然我以后再教育孩子就没有威信可言了。

当然，这个标识物可以是孩子的语言，比如"你现在失去理智了，你需要冷静"；也可以是一件物品，比如项链、吊坠。我们赋予它特殊的"警示"含义，当它出现时，父母就应该暂时避让。这就像林则徐挂在墙上的"制怒"两个字一样，都是为了给自己提个醒。等情绪平稳后，再来解决问题。

小朋友们，不妨把这个小魔法教给爸爸妈妈，让他们也能改改自己的坏脾气，面对生气的事情心平气和地处理。当爸爸妈妈因为一时的小摩擦拌嘴吵架的时候，你也可以拿出"尚方宝剑"，先转移他们的话题，然后等他们冷静下来、稳定好情绪再谈。这样家庭才会和和美美，伤人的话越少，温暖的爱越多呀！

第三招：找人倾诉，帮你消解怒气。

坏情绪一直憋在心里会形成心理疾病，适度宣泄是很必要的。不妨找一位自己非常信任的长辈或者朋友，和他聊聊自己的不满或者委屈，你可以问他："你有经历过这样的事情吗？如果是你，你会怎么办？"多听听其他人的建议，收获安慰和拥抱，这样就会舒服很多。

当然，宣泄情绪的方式还有很多种。绘本故事《生气汤》里有这样一个情节：每当小男孩有烦心事的时候，妈妈就带着他一起煮汤，当水烧开时，小男孩跟着妈妈一起对着锅子大叫，还龇牙咧嘴、吐舌头、用力敲打锅子，就这样，小男孩喷出了全部的"火龙气"，笑了起来。

你看，愤怒是你本来就有的权利，是你情绪的一部分。不论是爸爸妈妈，还是你自己，都要接受它的存在，不要勉强自己压抑它。正在生气的你，是可以适当地把愤怒发泄出来的。在房间里大哭一场，捶打枕头或者跺脚，发泄过就好好睡一觉；看一部非常搞笑的电影，大笑一场，就能忘掉不开心；做做运动，打球、跑步、跳绳都可以，用汗水把消极情绪释放掉。

不论用什么方式，只要不伤害他人，不伤害自己，也不损坏物品，让负能量换一种形式宣泄出去，何乐而不为呢？

长知识

历史人物小名片

林则徐，字元抚，清代政治家、思想家、诗人。因其主张严禁鸦片，抵抗列强的侵略，有民族英雄之誉。

练口才

1. 情景练习

请你试着用小魔法应对一下小明和小明妈妈的坏脾气吧。

（小明在家里写作业，妈妈在辅导他。）

小明妈妈：这个字怎么又写错了？

小明：我忘了怎么写了。

小明妈妈：笨"死"了，教了这么多遍还不会！

小明：不会不会就是不会！我再也不要写作业啦！

小明妈妈：你这孩子真不听话，就该揍你！

小魔法：标识物警告法

小明妈妈：这个字怎么又写错了？

小明：我忘了怎么写了。

小明妈妈：再好好想想，教你这么多遍还是不会，你真是要气"死"我啦！

小明：妈妈，_____，你忘了我们的约定了吗？

小明妈妈：_____。

小明：妈妈，对不起，我还是想不起来。如果再学一遍，我就能学会啦。

小明妈妈：好，我们再来学一遍，_____！

2. 读读下面的话，选一句你最喜欢的写下来，贴在墙上提醒自己吧。

良言一句三冬暖，恶语伤人六月寒。

忍一时风平浪静，退一步海阔天空。

严于律己，宽以待人。

海纳百川，有容乃大；壁立千仞，无欲则刚。

宰相肚里能撑船。

世界如此美妙，我却如此暴躁，这样不好，不好。

（参）（考）（答）（案）

1.情景练习

（小明在家里写作业，妈妈在辅导他。）

小明妈妈：这个字怎么又写错了？

小明：我忘了怎么写了。

小明妈妈：笨"死"了，教了这么多遍还不会！

小明：不会不会就是不会！我再也不要写作业啦！

小明妈妈：你这孩子真不听话，就该揍你！

小魔法：标识物警告法

小明妈妈：这个字怎么又写错了？

小明：我忘了怎么写了。

小明妈妈：再好好想想，教你这么多遍还是不会，你真是要气"死"我啦！

小明：妈妈，书桌前的这四个字"好好说话"是我们一起写的，你忘了我们的约定了吗？

小明妈妈：宝贝，谢谢你的提醒。

小明：妈妈，对不起，我还是想不起来。如果再学一遍，我就能学会啦。

小明妈妈：好，我们再来学一遍，妈妈相信这次你一定能学会！

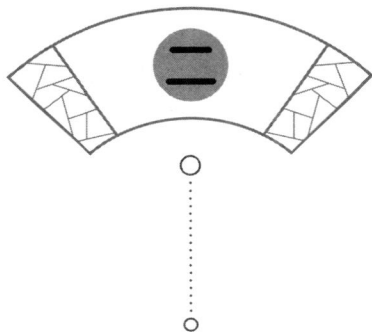

二

校园达人

老师和同学都为你点赞

第六课

怎样礼貌地与人打招呼？

唱儿歌

武将考试寻教场，岳飞牛皋是路盲。

牛皋问路遇老者，语言粗俗气高昂。

老人转身不理睬，牛皋气得嗷嗷喊。

岳飞随后赶到场，鞠躬行礼很得当。

老人一见很欣慰，开开心心来帮忙。

两人同是来问路，到底有啥不一样？

讲故事

　　我们每天都要和不同的人打交道，比如老师、同学、亲戚、朋友。很多时候还会向陌生人求助，问路、打听消息等。不论面对谁，礼貌地打招呼都是友好交流的前提。小朋友们，你们知道怎样打招呼才受欢迎吗？

　　下面家语妈妈就要讲一个"牛皋问路"的故事。我们一起来看看，不同的打招呼方式会产生怎样不同的效果吧！

　　有一天，岳飞和牛皋一同进京赶考。古时候操练或比武的场地叫教场，武将考试也在这里。在考试的前两天，牛皋想去看看教场，于是自己一个人骑马出门了。

　　但他是一个外地人，根本不认得路呀。这时候，正好看见篱笆旁边坐了俩老人，牛皋骑在马上，远远地向二人喊道："喂！老头，去教场咋走？"

　　其中一位老人抬头看了一眼，心想："这个人怎么回事啊？求人帮忙还这么大呼小叫的，太没礼貌了，我又不欠他的！"于是假装没听见。

　　牛皋见老人不搭理他，就在一旁骂骂咧咧。另一位老人听不下去了，说："你个冒失鬼！京城岂是你撒野的地方？也就是我们俩不和你计较，否则定让你白白转几个来回。你从这里往东走，再往南去，就看到教场了。快走吧，别烦我们了。"

话分两头，岳飞在旅店里找不到牛皋，担心他出事，于是骑马去找他。

巧了，正想寻人问路的岳飞也遇见了刚才那两位老人。岳飞先从马上下来，然后恭敬地走上前，郑重地向老人们行了一个礼，轻声问道："敢问老伯，方才有没有看见一个骑着黑马、皮肤黝黑的汉子往哪里走了？"

俩老人一看，这小伙子可真不错，仪表堂堂且谦逊有礼。他们自然十分乐意帮他的忙，便仔细地跟岳飞说了去教场的路。很快，岳飞顺利地来到教场，找到了牛皋。

学魔法

牛皋和岳飞同向两位老人问路，为什么牛皋遭冷眼，而岳飞却得到了热心的帮助？

聪明的你一定猜到了，原因就在于岳飞打招呼的方式礼貌又谦虚，而牛皋却对老人家呼来喝去，很不尊重人。因此可别轻看小小的招呼呀，效果可是天差地别呢！下面家语妈妈就来告诉你，怎样打招呼才是恰当的、受欢迎的。

第一招：打招呼要主动热情。

"礼多人不怪"，主动热情地打招呼总是没错的。小朋友们想一想，是不是自己有的时候不好意思开口，想等着别人先打招呼？是不是有时只叫声"阿姨""老师"而没有问候就匆匆忙忙地跑了？其实这些都是不礼貌的。

打招呼的时候，一定要大方热情，让对方感受到你的真诚，而不只是走个形式。那么热情要通过什么方式表达出来呢？一个是表情和肢体动作，如微笑、挥手、拥抱；另外一个就是通过你的语言表达你对对方的关注。假如在上学路上你遇到了同班同学阳阳，一定不要装作没看见对方，让彼此都尴尬。这时，你应该露出灿烂的笑容，一边大方地走向她，一边向她热情地挥手，说："阳阳，早上好！你今天可真漂亮！"遇到好久没见的高年级学姐小米，你可以主动走上前打招呼："小米学姐好！好多天没见啦，再见到你真高兴！"

这样，不但可以避免对视却不说话的尴尬，而且能拉近距离、收获好朋友，何乐不为呢？

第二招：打招呼要看对象。

打招呼也不是千篇一律的，对象不同，身份职业不同，关系的亲疏不同，打招呼的方式都是不一样的。不要慌，不要怕，只要牢记"对长辈要尊敬，对同辈要亲和"这个原则，聪明的你就一定可以做好！

和长辈打招呼一定是要用敬语，把"您"挂在嘴边，比如"爷爷，您好""张阿姨，您下班啦""赵老师，您早"。

跟长辈或不熟悉的人说话前，最好先说一句"打扰了"，然后再说后面的话。比如"打扰了，我想问下这附近有地铁站吗"。

对待同龄人，如果是比我们稍大一些的哥哥姐姐，打招呼时要叫"哥哥""姐姐"，最好不要直呼大名。如果是我们的同学、朋友，就可以随意点，如果你说"请问您作业写完了吗"，就会有点奇怪了。

如果打招呼的对象中既有长辈又有同辈，要注意先向长辈打招呼，再向同辈打招呼："爷爷奶奶好，小华哥哥好，甜甜妹妹好"。如果见到老师和同学一起走来，问候时应该遵照先老师、后同学的原则："老师好，豆豆好！"

第三招：打招呼要分清场合。

打招呼是很有必要的，但也要分清场合。有的场合打招呼要尽量简短，有的场合不适合打招呼。

如果是上班或者办事的途中，看到对方很着急，那么简单说声"你好"就可以。千万不要啰嗦，否则会惹人反感的。

在安静的地方，如图书馆或电梯这样的公共场所，遇到了熟悉的人，可以简单地点头或者微笑示意。打招呼一定不要太大声，更不能无所顾忌地聊天。

还有些场合不适合打招呼。过马路或者骑车时，就尽量不要打招呼，避免发生危险。

长知识

1. 历史人物小名片

岳飞，字鹏举，南宋时期抗金名将，他率领的"岳家军"被赞誉"冻死不拆屋，饿死不打掳"。金人感叹"撼山易，撼岳家军难"，以示对岳家军的由衷敬佩。

牛皋，字伯远，南宋时期抗金名将，后加入"岳家军"，屡立战功。岳飞被害后，因反对宋金议和，终被秦桧害死。

2. 典故溯源

"牛皋问路"的故事出自《说岳全传》：

牛皋便上了马，往前竟走，却不认得路，见两个老儿掇条板凳，在篱笆门口坐着讲古话。牛皋在马上叫道："呔！老头儿，爷问你，小教场往那里去的？"那老者听了，气得目瞪口呆，只眼看着牛皋不做声。牛皋道："快讲我听！"那老者只是不应。牛皋道："晦气！撞着一个哑子。若在家里，惹我老爷性起，就打死他！"那一个老者道："冒失鬼！京城地面容得你撒野？幸亏是我两个老人家，若撞着后生，也不和你作对，只要你走七八个转回哩！这里投东转南去，就是小教场了。"

……

（岳飞）向东而来，来到了三岔路口，不知他（牛皋）往那条路上去的；却见篱笆门口，有两个老人家坐着，拍手拍脚，不知在那里说些什么。岳大爷就下了马，走上前把手一拱道："不敢动问老丈，方才可曾见一个黑大汉，坐一匹黑马的，往那条路上去的？望乞指示！"那老者道："这黑汉是尊驾何人？"岳大爷道："是晚生的兄弟。"那老者道："尊驾何以这等斯文，你那个令弟怎这般粗蠢？"就把问路情状，说了一遍，"幸是遇着老汉，若是别人，不知指引他那里去了。他如今说往小教场去，尊驾若要寻他，可投东上南，就望见小教场了。"岳大爷道："多承指教了。"

3. 文化常识

不论是什么样的方式，打招呼都要尽可能体现我们对他人的尊敬。由于文化和风俗差异，不同国家打招呼的方式各有不同。除了通常采取的口头上的问候以外，还有握手、脱帽、拥抱等。我们一起来看看吧！

（1）泰国：泰国人之间打招呼时一般是双手合十。面对不同的人，行礼姿势有所不同。

（2）日本：日本人多以鞠躬为见面礼节，鞠躬越深表示越尊敬，弯腰到90度是"最敬礼"。男士鞠躬时两手自然下垂放在裤线两侧，女士双手搭放在身前行礼。如果戴有帽子，行礼时要摘下帽子再鞠躬。

（3）马来西亚：马来西亚在礼仪方面的要求有很多。人们相见后，先摩擦对方的手心，行合十礼，然后摸一下自己的心窝，再相互祝福。

（4）西班牙：西班牙人在正式场合见面通常是行握手礼。亲朋好友相见，男人们要互相抱一抱，女人们要轻轻搂一搂，并亲吻面颊。

练口才

1.情景练习

请根据打招呼的场所和对象写出正确的问候语。

在小区里遇见出门买菜的李阿姨：＿＿＿＿＿＿＿＿＿＿？

在校门口遇见了同学小梦：＿＿＿＿＿＿＿＿＿＿。

在路上遇见了王老师：＿＿＿＿＿＿＿＿＿＿！

在电梯里遇到了楼下的邻居姐姐：＿＿＿＿＿＿＿＿＿＿！

2.小朋友们，让我们一起练习下面的绕口令吧！

胡庄有个胡苏夫，

吴庄有个吴夫苏。

胡庄的胡苏夫爱读诗书，

吴庄的吴夫苏爱读古书。

胡苏夫的书屋摆满了诗书，

吴夫苏的书屋放满了古书。

参 考 答 案

1.情景练习

在小区里遇见出门买菜的李阿姨：李阿姨，您去买菜啊？

在校门口遇见了同学小梦：小梦，等等我，我和你一块走。

在路上遇见了王老师：王老师好！

在电梯里遇到了楼下的邻居姐姐：姐姐好久不见，记得来我家玩啊！

第七课

怎样和师长交流？

张良桥上遇老人，为其穿鞋能隐忍。

老叟相约教学问，屡次考验在清晨。

张良早起去发愤，习得兵法成功臣。

持之以恒不放弃，尊师重道获承认。

讲故事

　　中国自古便是礼仪之邦，礼仪文化中尤其注重长幼有序，其中尊敬长辈是一个人基本的美德之一。

　　长辈，就是指辈分高于我们的人。不仅包括我们的爷爷奶奶、爸爸妈妈，也包括老师、叔叔阿姨以及年长的陌生人。那么，如何在师长面前做到谦恭有礼呢？

　　下面家语妈妈就来讲一个关于张良的故事。

　　张良是汉朝有名的谋臣，汉高祖刘邦统一天下，张良功不可没。成语"运筹帷幄"就是指张良指挥作战非常有智谋。但是张良并不是天生就懂兵法，那他的兵法是从哪学来的呢？这和一位与他萍水相逢的老人有关。

　　在张良年轻的时候，想刺杀秦始皇，可是没成功。为了活命，他就隐姓埋名藏了起来。有一天，他正走到一座桥上，迎面来了一位胡子花白的老人。老人走到张良身边时，故意把一只鞋丢到桥底下去了，对张良说："小子！下桥去帮我把鞋捡上来。"

　　张良乍一听这话很生气，心想，你这老头子，我又不认识你，凭什么叫我下去给你捡鞋呢？接着，张良又一想，老人家毕竟年纪大了，腿脚不方便，我这个小辈帮个忙也是应该的啊！于是二话没说，就到桥下替老人把鞋捡了上来。可老人并没有感谢他，反而把脚一伸："替我穿上。"

　　张良看在老人年事已高的份上，又是二话没说，弯下腰，恭敬地替老人把鞋穿上了。老人看张良耐心地给他穿好了鞋，很是满意，笑着对张良说："你这个孩子不错，我愿意教你点儿东西。五天后的早上，你到这里来等我吧！"

"好，我一定来！"张良恭恭敬敬地答应了。

按照约定，到了第五天，张良一早就到了桥上。可是没想到，老人已经先到了，看到张良才来，脸色十分难看，气冲冲地说："你怎么能让老人等你呢！五天之后的清晨，早一点再来见我吧！"老人说完就走了。

五天后，鸡刚叫，张良就连忙赶到桥上，心想：这次我不可能迟到了吧。可没想到，老人又已经在那里等着他了。看到张良来了，老人还是生气地说："为什么又来晚了？你要是真的想学习，五天后再早点来吧！"

又过了五天。这一次，张良连觉都没睡，半夜就急急忙忙赶到桥上，生怕自己又迟到。等了好久，那老人终于来了。一见到老人，张良就迎上去行了礼，老人高兴地说："年轻人要学本事，就应该这样勤奋啊！"

说着，老人从怀里掏出一卷书来，送给张良说："你回去好好读一读，将来一定有大出息！"老人说完就离开了。

张良打开那卷书一看，竟然是一部失传的兵书，上面有好多行军布阵的策略。张良十分珍惜，反复地钻研。

后来，他和萧何、韩信一起，以轰轰烈烈的农民起义为契机，协助刘邦，推翻了秦朝的统治，开创了大一统的汉王朝。张良也成为历史上一位声名显赫的军事家。

学魔法

张良对待素不相识的老人态度恭敬，赢得了认可，收获了宝贵的兵书。如果你也想得到老师和家长对你的赏识和帮助，那就快来学习下面的小魔法吧！

第一招：对师长要礼貌。

首先要学会礼貌用语。张良和老人约定见面，当见到老人时，先给老人行礼问好，而不是见面就张嘴问"叫我来干什么"。因而小朋友们和师长交谈时，态度要恭敬，言语要有礼貌。

等候电梯时，若发现只能再上去一个人，你要主动对身边的老人说："爷爷，您先请！"有问题去办公室请教老师时，要礼貌地说："老师您好，抱歉打扰您。我有个问题想请教，不知您是否方便？"

除了礼貌用语外，我们还要在行动上表现出对长辈的尊敬。当你去拜见长辈时，一定要准时，最好能早一点到；和长辈一起吃饭时，要等长辈先动筷子；当与师长一起乘电梯时，要请师长先进电梯，出电梯时请他们先出。

谁不喜欢懂礼貌的孩子呢？小朋友们一定要记得讲礼貌呀！

第二招：对长辈要耐心。

学会了礼貌，接下来需要的就是耐心了。

想一想：自己有没有嫌爷爷奶奶年纪大了，唠叨多了，或者老师在课堂上同样的问题多强调了几遍，就表现出了不耐烦的情绪呢？

当你觉得烦的时候，试着在心里悄悄地数数：1、2、3……然后对自己说："我要有耐心。"你看，张良不光给陌生的老人捡鞋子，还恭敬地为他穿上呢。

不仅如此，老人虽说再见面教张良东西，却让他白跑了两趟。张良仍坚持不懈，第三次连觉都没睡就来了，最终获得了老人的认可。因而，在与师长的交流中，一定要有耐心，保持礼貌和恭敬。

假如妈妈在做饭，腾不开手，这时电话响了，叫你去接电话；不一会儿，洗衣机里的衣服洗好了，叫你去晾衣服；又可能让你帮忙下楼买瓶醋、倒个垃圾。这时候你要怎么办呀？是对着妈妈大吼"你烦不烦，为什么总使唤我"，还是说"好的，妈妈，我这就来"？相信懂礼貌的你一定知道怎么做。

第三招：知错就改。

在刚才的故事里，老人批评张良迟到时，张良非常认真地改正了错误。

有时候你也会被师长批评，有没有很不服气、不愿接受呀？每个人被批评时，心里都会不好受，这是很正常的，家语妈妈也和大家一样。但面对师长的批评时，先别着急辩解，想一想我们是不是真的做错了。如果错了，我们就改正，大家一定能看到我们的进步。即使师长偶尔错怪了我们，我们也不要心怀怨念。

有句话说得好：有则改之，无则加勉。它的意思就是面对别人指出的错误，如果有，就改正；如果没有，就提醒自己不要犯同样的错误。

永远要记住，师长正是因为爱你、关心你才会批评你，这是为了让你变得更优秀。乖巧的你一定不要记恨他们，要明白事理，知错就改呀！

长知识

1. 历史人物小名片

张良，字子房，秦末汉初杰出的谋臣，与韩信、萧何并称为"汉初三杰"。汉高祖刘邦在洛阳南宫评价他："夫运筹策帷帐之中，决胜于千里之外，吾不如子房。"

2. 典故溯源

"张良受书"的故事出自《史记》：

留侯张良者，其先韩人也……良尝闲从容步游于下邳圯上，有一老父，衣褐，至良所，直堕其履圯下，顾谓良曰："孺子，下取履！"良愕然，欲殴之。为其老，强忍，下取履。父曰："履我！"良业为取履，因长跪履之。父以足受，笑而去。良殊大惊，随目之。父去里所，复还，曰："孺子可教矣。后五日平明，与我会此。"良因怪之，跪曰："诺。"五日平明，良往。父已先在，怒曰："与老人期，后，何也？"去，曰："后五日早会。"五日鸡鸣，良往。父又先在，复怒曰："后，何也？"去，曰："后五日复早来。"五日，良夜未半往。有顷，父亦来，喜曰："当如是。"出一编书，曰："读此则为王者师矣。后十年兴。十三年孺子见我济北，谷城山下黄石即我矣。"遂去，无他言，不复见。旦日视其书，乃《太公兵法》也。良因异之，常习诵读之。

3. 文化常识

区分汉语中的"你"和"您"。

你：一般是称呼说话的对方，用于平辈之间或者长辈对晚辈、上级对下级。

您：代替"你"表示对对方的尊称，适用于晚辈对长辈或者下级对上级。

练口才

1. 情景练习

奶奶向你询问智能手机的使用方法，你该怎么做呢？

奶奶：这个手机没有按键怎么打电话呢？

我：_____。

奶奶：哎，点哪里啊？

我：奶奶，您看，_____。

奶奶：哦，那打完电话怎么挂掉啊？

我：_____。

奶奶：终于把奶奶教会了，奶奶没白疼你！

2. 学说这段相声《打岔》，看看和耳聋的老奶奶说话会闹出什么笑话来。

老奶奶：年轻人，你贵姓啊？

年轻人：我呀，免贵姓刘。

老奶奶：哦，姓牛。是黄牛，还是水牛？

年轻人：什么呀，我说我姓刘。

老奶奶：哦，姓侯。是金丝猴，还是大马猴？

年轻人：我说我姓刘。

老奶奶：哦，这回可听清楚了。

年轻人：对啦！

老奶奶：你姓球。是足球，还是排球？

年轻人：还乒乓球呢！有姓球的吗？这老奶奶啊，原来是个聋子。

老奶奶：哦，你头上有个虫子。在哪呢？我帮你捉。

年轻人：您离我远点，我说您听不清。

老奶奶：什么，去东京？东京在日本呢。

年轻人：我还去加拿大呢。

老奶奶：哦，找你爸。

年轻人：您怎么净打岔？

老奶奶：你爸跟人打架。

年轻人：您胡说啥。

老奶奶：找警察。

年轻人：我说您听不见。

老奶奶：什么，上法院？你打官司呀？

年轻人：打官司，我告谁呀？

老奶奶：哦，告贼呀。那贼是可恨，专偷人家东西。

年轻人：嘿，让大伙看看，这老奶奶，我说的话，她一句也听不懂。

老奶奶：哦，还偷了个马桶。那可是个臭贼，怎么偷那个东西。

年轻人：这人简直一窍不通。

老奶奶：还偷了个闹钟。那你可糟了，上学迟到怎么办呀？

年轻人：这人莫名其妙。

老奶奶：啊，还偷了飞机大炮。哎，你们家怎么私藏武器呀？

年轻人：嘿，让大伙看看，这人多可笑！

老奶奶：还私印钞票！

年轻人：嘿，这都什么跟什么啊。车来了，我先走了，拜拜了您哪！

老奶奶：哎，年轻人别走啊，后来怎么样了啊……

（怎么样？这个岔打得是不是太夸张了啊！好玩归好玩，在生活中，我们还是要对老年人多一点耐心呀！）

参 考 答 案

1. 情景练习

奶奶：这个手机没有按键怎么打电话呢？

我：奶奶，这是触摸屏的，您点这个就行了。

奶奶：哎，点哪里啊？

我：奶奶，您看，点这个绿色的、电话一样的图标就拨通了。

奶奶：哦，那打完电话怎么挂掉啊？

我：点这个红色的小图标就行了。奶奶，您记住这个就像红绿灯，红灯停、绿灯行。绿色拨通，红色挂断。

奶奶：终于把奶奶教会了，奶奶没白疼你！

第八课

如何完成老师和家长交给的任务?

唱儿歌

唐雎出使去秦国，身有使命负重托。

秦王挑衅出难题，唐雎机智巧解脱。

布衣不惧天子怒，临危执剑来力夺。

志士出征保家乡，不辱使命来报国。

讲故事

　　小朋友们，你们是不是都想快点长大呀？那你们心中的"成长"是什么呢？

　　家语妈妈觉得，成长是你可以勇敢地面对困境、独立解决问题；是爸爸妈妈不在身边时，你可以独当一面、承担责任。在成长的过程中，你会遇到很多挑战，也要跨越很多艰难险阻，那么要怎样应对挑战、圆满完成任务呢？家语妈妈要给大家讲一个"唐雎不辱使命"的故事，我们一起来看一看唐雎是怎样在艰难的处境里斗智斗勇、完成使命的吧！

　　唐雎，战国时期魏国人。他身上有很多闪闪发光的标签，比如有才华，有胆量，有智慧，有口才，有爱国心，真是一个全能的人才！

　　当时，秦王故意挑事儿，派人对安陵国的君主安陵君说："我打算用方圆五百里的土地换取你的安陵，希望你能答应我！"秦王哪是真的换地，他的真实目的是要吞并安陵！

　　安陵君当然不同意，就以土地是先王传下来的、不敢与人交换为由，拒绝了秦王。

　　秦王很不高兴，战争一触即发。于是在这个节骨眼上，安陵君派唐雎出使秦国。

　　秦王态度十分傲慢，对唐雎说："我大秦国灭掉了韩国和魏国，而安陵君凭着区区方圆五十里的小地方撑到现在，是因为我把他看成忠厚的长者，才没打他的主意。如今我拿十倍的土地来交换安陵，是在扩大他的领土，可安陵君却不同意，这不是小看我吗？"

唐雎可没被秦王吓到，淡定地说："不是像您说的这样。安陵君从先王那里继承了土地并且守住它，即使有人拿方圆千里的土地来换，也是不能交换的，更何况您只拿五百里呢？"

秦王一听，嘿呀，你小子吃了熊心豹子胆了，敢跟我叫板？于是勃然大怒，威胁唐雎说："你听说过天子发怒吗？"

唐雎可不吃这一套，继续淡定地说："小臣还真是没听说过。"

秦王咬牙切齿地说："天子一发怒，将会有成百万的人没命，光是人死了流的血，就能淌几千里。"

唐雎又是一个冷哼，幽幽地说："那大王你听说过平民发怒吗？"

秦王不屑地说："小老百姓发怒，不过是摘掉帽子，光着脚走，用脑袋撞地罢了。"

唐雎冷冷地说："你说的这是无能的人发怒的样子，有胆识的人发怒可不是这样的。专诸刺杀吴王僚，聂政刺杀韩傀，要离刺杀庆忌。他们三个都是普通老百姓中有胆识的人，再加上我，就有四个人了。"唐雎这是在明示秦王，你要是再咄咄逼人，我可就要像那三个人一样了！

唐雎继续说："如果有胆识的人真的发了怒，会有两具尸体一起倒下，流出来的血会洒在五步之内，全天下的人都将穿上白色孝服——今天的情况就是这样。"

唐雎说的两具尸体是谁，你听明白了吗？

说的就是他和秦王！此时唐雎已经抱定了和秦王同归于尽的想法。你不是说你是天子，发怒会血流千里吗？那好啊，我也会发怒。我发怒，血不用淌得那么远。就在你跟我之间这五步之内，我便取你性命，让你们秦国没了国君，全国守丧！于是唐雎拔出宝剑站了起来。

秦王顿时吓得脸色都变了，赶紧挺身跪起，向唐雎道歉："先生快请坐，咱们哪里至于这样，有话好说嘛！我懂了，韩国、魏国都灭亡了，而安陵却凭着方圆五十里的土地保存下来，就是因为有唐雎先生您啊！"

唐雎凭借一身胆气，威逼秦王，解了安陵的困境，圆满完成了任务。

学魔法

唐雎出使秦国的任务可以说是相当困难的了，但他完成得非常好。面对爸爸妈妈和老师分配的任务，你也能出色地完成吗？下面有三个小魔法能帮助你迅速通关，快来学习吧！

第一招：勇挑重担不退缩。

面对强势的秦国，唐雎没有任何畏惧，而是和秦王针锋相对。这份勇气和胆量，当真值得我们学习。

在学校里，老师通常都需要大家的帮助，比如需要小组长收作业本，需要同学擦黑板、关空调，等等。老师会问："有哪位同学愿意接受任务呀？"你是不是会由于害羞或者担心自己完成不好而不敢举手呢？

这时候，一定牢记三个字：不要怕！能够主动承担任务，本身就是一件非常勇敢的事。你可以战胜胆怯、勇敢地举手，就已经特别了不起啦！老师和同学们一定会先给你点个赞！别怕，勇敢地说出来："我希望来承担这个任务，请老师相信我！"

第二招：巧借外力能省力。

唐雎单枪匹马出使秦国，势单力薄，怎么对抗强大的秦国呢？他想了个妙招，就是提起以前刺杀国君或者皇子的几个平民，用他们的事迹威吓秦王：你要是再逼我，我就会像他们一样动手了！果然，这招很有效。

小朋友们在陷入困境的时候，并不一定要自己扛下所有，而是可以巧妙地借助他人的力量来帮助自己完成任务。

有一次，老师交给你出一期黑板报的任务。我们知道黑板报不仅要有精美的图画，还要有文字，图文并茂才能圆满完成任务。你画画特别棒，但不太会写文案，这可怎么办呢？别着急呀，同班的小美不是获得过全校作文比赛一等奖嘛！只要你诚恳地向她说明求助的原因，她一定会伸出援助之手的："小美，黑板报的文案部分我做不好，特别需要你的帮助。老师和同学们都对这期黑板报有很高的期待，你的文笔这么棒，一定会给大家一个惊喜的！"相信有了小美的支持，你负责图画，她负责文字，你们合作完成的黑板报一定会非常成功！

小朋友们，当你们遇到一个人解决不了的难题时，及时向家长、老师、同学求助是很有必要的。并不是说你能力不够，恰恰相反，这体现了你有"小领袖"的全局意识和合作精神。因而，要学会巧用外力来帮助自己更好地完成任务呀！

第三招：对准目标不跑偏。

唐雎拔剑并不是真的要杀秦王，他真正的目的是逼秦王退步来保全安陵。他要是一冲动杀了秦王，安陵就真的要陪葬了，任务也随之失败。因而要像唐雎一样，对准目标，精确完成任务。

小朋友们在接受任务的时候，有没有做着做着就忘了自己要干什么？假如妈妈给了你五十元钱，让你独立去超市采购晚饭所需的食材。你会不会到了超市见到巧克力和果冻，就忘记买鸡蛋和黄瓜呀？

家语妈妈教你使用一个"神器"——列一个"任务清单"。比如在超市采购任务中，把要买的鸡蛋、黄瓜、西红柿等一一写在小纸条上，揣在兜里。到了超市，买一个就划掉一个。这样你就不会被其他事情分散了注意力，可以准确无误地完成任务啦！

这个方法也适用于学习。我们的寒暑假作业那么多，怎么办呢？你是不是经常拿起一本就写，结果发现快开学了，英语作业倒是全都写完了，可语文作业还没写几页？在开始写之前，你可以把每天要完成的各科任务都写下来，贴在书桌上，每完成一项就划掉一项。这样的话，不仅能完成全部任务，划掉的一瞬间还会感到非常痛快。快试一试，你一定会爱上这种不断完成小目标的成就感！

长知识

1. 历史人物小名片

唐雎，战国时期魏国、安陵国著名策士。在魏国灭亡后出使秦国，冒死与秦王抗争，粉碎秦王吞并安陵（魏国属国）的阴谋。

2. 典故溯源

"唐雎不辱使命"的故事出自《战国策》：

秦王使人谓安陵君曰："寡人欲以五百里之地易安陵，安陵君其许寡人！"安陵君曰："大王加惠，以大易小，甚善；虽然，受地于先王，愿终守之，弗敢易！"秦王不说。安陵君因使唐雎使于秦。

秦王谓唐雎曰："寡人以五百里之地易安陵，安陵君不听寡人，何也？且秦灭韩亡魏，而君以五十里之地存者，以君为长者，故不错意也。今吾以十倍之地，请广于君，而君逆寡人者，轻寡人与？"唐雎对曰："否，非若是也。安陵君受地于先王而守之，虽千里不敢易也，岂直五百里哉？"

秦王怫然怒，谓唐雎曰："公亦尝闻天子之怒乎？"唐雎对曰："臣未尝闻也。"秦王曰："天子之怒，伏尸百万，流血千里。"唐雎曰："大王尝闻布衣之怒乎？"秦王曰："布衣之怒，亦免冠徒跣，以头抢地耳。"唐雎曰："此庸夫之怒也，非士之怒也。夫专诸之刺王僚也，彗星袭月；聂政之刺韩傀也，白虹贯日；要离之刺庆忌也，仓鹰击于殿上。此三子者，皆布衣之士也，怀怒未发，休祲降于天，与臣而将四矣。若士必怒，伏尸二人，流血五步，天下缟素，今日是也。"挺剑而起。

秦王色挠，长跪而谢之曰："先生坐！何至于此！寡人谕矣：夫韩、魏灭亡，而安陵以五十里之地存者，徒以有先生也。"

练口才

1. 情景练习

刚才的三个小魔法你学会了吗？快快运用小魔法完成下面的练习吧！

（1）（老师在课堂上分配任务，你想自告奋勇。）

老师：明天上午，老师需要一位小朋友带大家读课文。有哪位小朋友愿意帮助老师呢？

我：老师，我来！＿＿＿＿＿＿＿＿＿＿。

老师：老师觉得你能举起手主动报名就非常不错了！明天的领读任务就交给你啦！

（2）（老师把黑板报的任务交给了你和萌萌，可是你们个子不够高，够不到黑板上面。）

萌萌：怎么办啊？上面的都够不着，＿＿＿＿＿＿＿＿＿，怎么办啊？

我：萌萌，别着急，＿＿＿＿＿＿＿＿＿。有了！我觉得＿＿＿＿＿＿＿＿或者＿＿＿＿＿＿＿＿＿＿。

萌萌：好主意，我们去找帮手吧！

（3）（你接受了"小小厨神"任务，要采购西红柿炒鸡蛋这道菜的食材。）

妈妈：宝贝，你要去超市买哪些食材呀？

我：有西红柿、鸡蛋、葱，我＿＿＿＿＿＿＿＿，每一样都不会落下的。

2. 小朋友们，让我们一起练习下面的绕口令吧！

山前有个颜圆眼，

山后有个严眼圆。

二人山前来比眼，

不知是山前的颜圆眼的眼圆，

还是山后的严眼圆的眼圆。

参 考 答 案

1. 情景练习

（1）老师：明天上午，老师需要一位小朋友带大家读课文。有哪位小朋友愿意帮助老师呢？

我：老师，我来！我愿意带大家读课文。

老师：老师觉得你能举起手主动报名就非常不错了！明天的领读任务就交给你啦！

（2）萌萌：怎么办啊？上面的都够不着，我们的个子都不高，怎么办啊？

我：萌萌，别着急，我们一起想办法。有了！我觉得我们可以站在凳子上画，一个人画，一个人扶着或者咱们先把能够得着的画好，然后找个子高的同学帮帮忙。

萌萌：好主意，我们去找帮手吧！

（3）妈妈：宝贝，你要去超市买哪些食材呀？

我：有西红柿、鸡蛋、葱，我把需要买的食材都列在小本子上啦，每一样都不会落下的。

第九课

如何做一个言而有信、一诺千金的人？

待人必须要真诚，

有啥说啥受欢迎。

光明磊落不说谎，

天涯海角任我闯。

讲故事

小朋友们，你们一定听过匹诺曹的故事吧！他一撒谎，鼻子就会变长，对不对？我们绝对不可以像他那样，一定要做诚实守信的好孩子。在社会交往中，讲信用是一种很重要的品格。怎样才能成为一个言而有信、一诺千金的人呢？

下面家语妈妈给大家讲一个"曾子杀猪"的故事，我们一起来看看曾子是怎么做的吧。

曾子是大圣人孔子的学生。一天清晨，曾子的妻子准备去集市买一些东西。刚走出家门没多远，儿子就哭喊着从身后追了上来："妈妈，妈妈，我也要去嘛！"

妻子想到孩子太小，集市离家又远，带着他很不方便，就对儿子说："你乖乖回去，在家等着。妈妈买了东西，一会儿就回来。你不是爱吃酱汁烧的蹄子、猪肠炖的汤吗？等妈妈回来了，就杀猪给你做。"

"真的吗？"孩子开心地问。

"当然了，妈妈怎么会骗你啊。"妻子答道。

于是孩子立即安静下来了，乖乖地待在家里。

等曾子的妻子从集市回来时，还没跨进家门，就听见院子里有捉猪的声音。她进门一看，原来是曾子正准备杀猪给儿子吃。

妻子急忙上前拦住丈夫，说道："家里只养了这几头猪，都是逢年过节才杀的。你怎么能拿我哄小孩的话当真呢？不许杀！"

曾子转头严肃地对妻子说："为人父母，在小孩面前是不能撒谎的。他们年幼无知，会模仿爸爸妈妈做事。如果我们现在说一些欺骗他的话，过后他知道受了骗，就不会再相信我们的话。你作为妈妈欺骗他，这就等于教他今后去欺骗别人啊。我们还怎么教育孩子成为一个高尚的人呢？"

曾子的妻子听后羞愧地低下头，知道自己错了。于是她马上帮曾子杀猪去毛、剔骨切肉，很快就为儿子做了一顿丰盛的晚餐。

学魔法

故事中的曾子用言行告诉我们，哪怕对无知的小孩子，也应该言而有信，说到做到。我们要向曾子学习，下面的小魔法可以帮助你成为像曾子一样言而有信、受大家欢迎的人。

第一招：不要轻易许诺。

俗话说："说出去的话就像泼出去的水。"泼出去的水是没办法收回来的，说出去的话也是一样。一旦许诺，就要对自己的话负责到底。

对于别人的请求，不要立刻就答应。要静下心来想想这件事情的难度，自己是否有这个能力来解决它，考虑清楚之后，再回复别人。

你的好朋友萌萌想麻烦你帮她做一段视频，但你其实并不会用任何剪辑视频的软件，这时候你要怎么办呢？要记住，做不到的事就不要夸下海口。你要诚恳地对她说："很抱歉，萌萌，这个忙我帮不了。如果你有其他事情需要我的帮助，我一定会尽力的！"你并不会因此失去好朋友，相反，她会觉得你有一说一，是个真诚可靠的人。

第二招：不撒谎，不吹牛。

有时，你可能会为了出风头说个大话、吹个牛，或者图一时方便就忍不住撒个谎。这种习惯如果养成了，久而久之，可能会犯下大错。

有一个故事叫作"自相矛盾"，说的是古时候有一个人，推销自己的矛和盾，他吹嘘说："我的长矛是天下最锋利的矛，什么盾都能刺穿。"然后又拿起自己卖的盾牌说："我的盾牌是天下最坚固的盾，什么矛都刺不穿。"这时，一位老人走过来问他："如果用你的矛来攻击你的盾，结果会怎么样呢？"这个人顿时哑口无言。

大话被人识破了，不仅让自己陷入尴尬，还会失去所有人的信任。比如你的小伙伴们在讨论暑假都到哪里去玩了，他们有的去了海南，有的去了日本，还有的去了美国。可你哪都没去，而是在自己的小书房里看了很多书、练了好几本字帖。如果这时候被问到假期去哪玩了，有的小朋友可能会逞能说"我去了泰国喂大象""我去了冰岛看极光"。可是家语妈妈相信诚实的你一定不会说这样的谎话，你要足够自信、足够坦诚地说："我哪都没去，我在家里读书写字了。我的假期很充实，也很快乐。"

第三招：言出必行，坚持到底。

自己认真考虑之后许下的诺言，一定要通过自己的努力去兑现。故事中的曾子真的杀了猪，让孩子高高兴兴地吃了一顿猪肉。这就告诉我们：只要是答应别人的事，就一定要做到。

你答应和妈妈周末两天玩互换角色的亲子游戏，但周六刚过去半天，你就不想继续了，因为你觉得洗碗、擦地板太累了。这时候，妈妈问你："是谁说可以扮演好妈妈的角色的？是谁说不怕辛苦，可以坚持的？"那么你要怎么办呢？

加油！你已经做出了承诺，不能让妈妈对你失望呀，要坚持下去！请坚定地对妈妈说："妈妈，我可以的！您放心，我一定说到做到，坚持到底！"

长知识

1. 历史人物小名片

曾子，名参，字子舆，春秋时期鲁国人，孔子弟子。名句"吾日三省吾身"就是曾子提出的。

2. 典故溯源

"曾子杀猪"的故事出自《韩非子》：

曾子之妻之市，其子随之而泣。其母曰："女还，顾反为女杀彘。"妻适市来，曾子欲捕彘杀之。妻止之曰："特与婴儿戏耳。"曾子曰："婴儿非与戏耳。婴儿非有知也，待父母而学者也，听父母之教，今子欺之，是教子欺也。母欺子，而不信其母，非所以成教也。"遂烹彘也。

3. 成语释义

言而有信：意思是说话靠得住，有信用。

例句：大家之所以都愿意和他做朋友，就是因为他一向言而有信，说到做到。

近义词：一诺千金、言出必行

反义词：食言而肥、出尔反尔

🌀 练口才

1. 情景练习

想一想，在生活中如果遇到下面的情况，你会怎么做呢？

甲：我见过外星人，嘿嘿，厉害吧，你见过吗？

我：_____。

乙：书上的古诗你全会背了，真厉害啊！你是不是会背所有的古诗呀？

我：_____。

丙：你上周答应今天和我去动物园，你不会忘了吧？

我：_____。

丁：你上次说这支笔送给我了，可你现在是想要回去吗？

我：_____。

2. 练习绕口令《一对蝈蝈吹牛皮》。

闲着没事儿上家西，遇到两个蝈蝈吹牛皮。

大蝈蝈说："我在南山吃了只鸟。"

二蝈蝈说："我在北山吃了只鸡。"

大蝈蝈说："我在东山吃了条狗。"

二蝈蝈说："我在西山吃了头驴。"

大蝈蝈说："我在关外吃了只虎。"

二蝈蝈说："我在东海吃了条龙。"

它们吹得正起劲，从南来了只大公鸡。

两个一见生了气，伸伸腿，捋捋须，一齐奔向大公鸡。

想吃公鸡没吃成，"嗝儿"一齐喂了鸡。

参 考 答 案

1. 情景练习

甲：我见过外星人，嘿嘿，厉害吧，你见过吗？

我：说话要有证据。你这是吹牛，我不喜欢和吹牛的人说话。

乙：书上的古诗你全会背了，真厉害啊！你是不是会背所有的古诗呀？

我：怎么会啊！中国的古诗有那么多，我只是会背这本书上的。

丙：你上周答应今天和我去动物园，你不会忘了吧？

我：答应了你的事我不会忘的，我一定会信守承诺。

丁：你上次说这支笔送给我了，可你现在是想要回去吗？

我：说到就要做到，我不会要回来的。

第十课

如何竞选班干部?

唱儿歌

汉朝有个年轻人,才华出众叫终军。

一日上朝有命令,皇帝派人为使臣。

终军积极来报名,请得长缨不辱命。

勇于担当去争取,终军请缨留美名。

讲故事

踏进校门，小朋友们有了许许多多展示自我的机会，学习优秀的可以做学习委员，唱歌跳舞出色的可以做艺术委员，有运动特长的可以做体育委员……但这些班干部都是要通过竞选产生的。有的小朋友很想当班干部，可是有点胆小不敢参选，或者发愁不知道该怎样竞选，就眼睁睁地错过了机会。这可怎么办才好呢？

下面家语妈妈先给大家讲讲"终军请缨"的故事，看看少年英才终军是怎样争取机会，报效国家的吧。

终军是汉朝一位才华出众的年轻人，他学识广博，能言善辩。汉武帝很赏识他，就给他封了官职。

当时，汉武帝想派人出使南越，劝说南越王归顺汉朝。但南越朝廷内部反对南越归顺汉朝的势力蠢蠢欲动，必然不会老老实实听话的，因此这次出使的危险很大。在国家急需有人不怕危险、勇担重任的时候，终军站了出来，他主动请求汉武帝赐给他一条长缨。这里的长缨就是指长长的绳子。

他坚定地说："请给我一条长缨，如果南越王不肯归顺汉朝，我就把他捆到朝廷来见您。"

此时的他，不过二十岁出头。虽然年纪不大，但胆识非凡，这短短的几句话表达了他势必劝降南越的信心和决心。从此，"终军请缨"的故事便成为一段佳话。

现在大家经常用"主动请缨"表示主动请求担当重任。小朋友们，在学校里如果你要参加班干部的竞选，也要像终军请缨那样勇敢地去争取机会呀！

学魔法

参加竞选最重要的环节就是竞选演讲啦。现在，家语妈妈就告诉你几个小魔法，教你准备一场精彩的竞选演讲。

第一招：找准特长，突出优势。

终军自幼就因口才好在郡中闻名，汉武帝也是相中了他的口才和文采才封他做官。终军勇于承担出使南越的危险任务，是对自己的能力有自信。大家在竞选班干部时，也一定要知道自己最擅长做什么，不擅长做什么，扬长避短。

如果你有读书的好习惯，阅读量很大，那么在竞选班级图书管理员的时候可以说："敬爱的老师，亲爱的同学们，你们好！我竞选的职位是班级的图书管理员。读书是我最大的爱好，我每天回家都至少读书一个小时，甚至有时候走路都抱着书看。我希望这次能够竞选上咱们班的图书管理员，带着大家一起多读好书，让咱们班成为书香班级。"

如果你喜欢唱歌跳舞，想要竞选文艺委员，那么你可以这样介绍自己："亲爱的老师、同学们，今天我要竞选的是文艺委员。因为我从小就喜欢唱歌跳舞，五岁开始学习舞蹈，至今已有三年了。我的基本功特别好，劈叉、下腰对我来说都是小菜一碟。我还曾经多次在全校才艺大赛中获奖，为班级赢得过荣誉。"

如果你对古诗词特别感兴趣，希望竞选学习委员，那么这样的竞选宣言一定会为你加分："大家好，我是来自二年级五班的刘濡豪，我竞选的职位是学习委员。我喜欢古典诗词，算得上'诗词达人'，能背诵的诗词大概有两百首吧。玩起飞花令来，连身为文学博士的老妈也自愧不如，甘拜下风呢。"

找准自己的闪光点，你就会在人群中变得突出。想一想自己的特长是什么吧，你在哪方面有特别的能力，哪一点是"人无我有、人有我精"的。这样，你就找到了自己的核心竞争力，可以底气十足地进行竞争啦！

第二招：说出竞选主张，明确工作规划。

在竞选中，大家不要只是说自己多么好，而是要让大家知道，如果你当选，你可以为集体做些什么，大家可以收获什么。就像终军表示，如果好言相劝不成，就用长缨捆了南越王回来。明确的行动计划和坚持下去的决心，要比说再多的漂亮话都更有用。

正在竞选班长的你可以说："假如我当选班长，我会收集大家的意见和建议，及时向老师们反馈；我会做好榜样，大家有不会做的题可以找我帮忙辅导，我会努力帮大家把成绩赶上来；我会在自习课上维持好秩序，制止那些说话和乱做小动作的同学，让自习课保持安静；当同学之间发生矛盾时，我会像包公那样，公平公正地调解矛盾。如果我当选了班长，我愿当一头黄牛，勤勤恳恳，任劳任怨，全心全意为大家服务。"

假如你想要竞选文艺委员，你可以这样表决心："如果我当上了文艺委员，每天下午上课前五分钟，我会带领大家唱一首欢快的歌，让大家精神百倍地上课；每逢佳节开展文艺活动时，我会主动组织同学们表演节目，带领大家为班级、为学校争光。"

表明自己的竞选主张，说出自己能为同学们和班级做什么，大家就会对你更有信心，为你疯狂点赞！

第三招："输得起"比赢更重要。

终军出使南越，是抱着视死如归、为国捐躯的想法的，或生或死都是未知。就像抛出一枚硬币，正面朝上还是背面朝上都是有可能的。参加竞选也是一样，大家都要提前做好落选的思想准备，树立应对挫折变故的意识。万一落选，也不要灰心气馁，毕竟勇敢地站在台上，你已经非常棒了，要为勇敢的自己加油。

你竞选文艺委员失败了，虽然你很想哭，很失落，但你要告诉自己："比起之前不敢当众说话的那个胆小的自己，我能够鼓起勇气站在讲台上，为老师和同学们唱一首歌，就已经是很大的进步了！大家都为我鼓掌，我已经很满足啦！我要更加努力，争取下一次可以更厉害，离成功更近一点！"

如果你能这样鼓励自己，那么你就收获了比竞选成功更宝贵的东西——平和的心态。人生道路很漫长，以后的沟沟坎坎会越来越多，如果从现在就养成良好的心态，笑看输赢，做一个能赢得了也能输得起的大气之人，那么不远的未来，一定有成功的惊喜等着你。

长知识

1. 历史人物小名片

终军，字子云，西汉时期著名的政治家、外交家。少好学，十八岁被选为博士弟子，受到汉武帝赏识，他曾先后成功出使匈奴、南越。元鼎五年，年仅二十几岁的终军被南越丞相吕嘉杀害，世人称为"终童"。

2. 典故溯源

"终军请缨"的故事出自《汉书》：

南越与汉和亲，乃遣军使南越，说其王，欲令入朝，比内诸侯。军自请："愿受长缨，必羁南越王而致之阙下。"军遂往说越王，越王听许，请举国内属。

练口才

1. 情景练习

（1）想想自己适合竞选哪个职位，试着和爸爸妈妈彩排一下你的班干部竞选演说吧。

（2）你竞选班干部失败了，面对竞选成功的瑶瑶，你该怎么说呢？

我：瑶瑶，很高兴能跟你一起竞选，＿＿＿＿＿＿＿＿＿，这是你努力的结果，＿＿＿＿＿＿＿＿＿。

瑶瑶：谢谢你，你真大度！我还以为你以后不理我了呢，你也很优秀，我也要向你学习！

2. 同学们，竞选班干部还要说对"班干部"。看看你能不能说好下面的绕口令，要一口气连说五遍呀！

班干部管班干部

参 考 答 案

1.情景练习

（2）我：瑶瑶，很高兴能跟你一起竞选，祝贺你竞选成功，这是你努力的结果，我以后一定多向你学习。

瑶瑶：谢谢你，你真大度！我还以为你以后不理我了呢，你也很优秀，我也要向你学习！

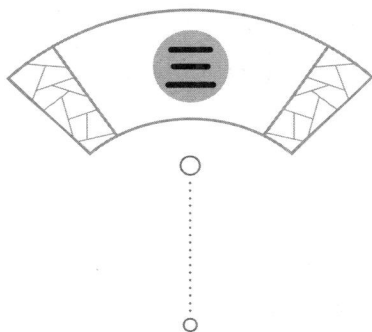

情感交流

用暖暖的一句话传递正能量

第十一课

如何学会倾听？

唱儿歌

刘邦率兵攻咸阳，打进皇宫来称王。

秦王宫殿财宝多，金银如山堆满堂。

荣华富贵享不尽，刘邦欣喜把志丧。

樊哙劝说没管用，找来谋士叫张良。

义正言辞把话讲，不要贪财学秦王。

刘邦方才听建议，痛苦万分悔断肠。

忠言逆耳要倾听，知错就改好儿郎。

讲故事

小朋友们生病吃药的时候，是不是经常听爸爸妈妈说"良药苦口利于病"呀？那你知道和它呼应的另外一句话是什么吗？

对，就是"忠言逆耳利于行"！

做错了事要听不顺耳的批评，就像生病了要吃苦涩的药一样，这样身体才会痊愈，我们才能成长。

下面家语妈妈要给大家讲一个"忠言逆耳"的故事，咱们看一看历史上有名的汉高祖刘邦是怎么认真听取意见从而赢得天下的吧。

话说，当年刘邦率领大军攻占咸阳，打进了秦王的宫殿。推门一看，那叫一个富丽堂皇、美轮美奂呀！宝物不计其数，各色美女如云。做了半辈子农民的刘邦简直看呆了，高兴得不得了，这是走上人生巅峰了啊！美滋滋的刘邦正打算住在宫里好好享受一番，这时煞风景的来了。

刘邦有个手下叫樊哙，他是个心直口快的糙汉子，一看刘邦兴致勃勃地要住在宫中，就问他："你是想要天下呢，还是只想当一个富贵闲人呢？"

刘邦是一个胸怀大志的人，就痛快地说："我起兵除暴，当然是想坐拥天下了。"

　　樊哙又说道："秦朝的灭亡，重要的原因就在于这些珍宝和美女。你若想要天下，就快点离开吧，千万不要留在宫中。"

　　刘邦却不以为然，并没有把樊哙的话听进去，还是准备住下。

　　这时，一个叫张良的谋士得知了此事，就对刘邦说："秦王就是因为贪图享受，百姓才会推翻他的统治。现在您刚打败秦王，就贪图他宫殿里的财宝和美色，难道不是让百姓对您失望吗？樊哙的话虽然听着不顺耳，但对您的行动却是非常有帮助的。就像良药一样，虽然是苦的，但对治病有好处。樊哙性子直，说话不会拐弯抹角，可他对您却是忠心耿耿！"

　　刘邦听了这番话，终于醒悟过来，马上下令关闭宫门，率军离开了秦宫。

　　这就是"忠言逆耳"的故事。刘邦也因听从劝告，最终成就天下大业。

学魔法

　　我们都喜欢听夸奖，不喜欢听批评，这是人的天性。可是很多时候，多听取他人的批评和建议，可以让我们少走弯路。小朋友们，当爸爸妈妈、老师、朋友批评我们或是给我们提意见、建议的时候，要怎样正确应对呢？下面的小魔法可以帮助你成为一个优秀的倾听者和采纳者。

　　第一招：不要随便打断别人的话。

　　张良劝说刘邦要吸取秦朝灭亡的教训，不要重蹈覆辙时，说了很长的一段话，刘邦虽然听着不顺耳，但并没有打断他，而是耐心听完并且虚心接受。刘邦当时要是打断张良的劝说，固执己见，可能历史上就不会留下他的美名了。这就告诉我们，在和别人交谈的时候，尤其是对方给你提建议时，一定要认真听别人说话。不管你认为他说的对不对，都要耐心听完，然后再发表自己的见解。

看一看，在别人提建议的时候，小明和小磊谁做的对，谁做的不对。

豆豆：小明，这个字不是这么写的，你看这个竖不能出头的，应该……

小明：哎呀，又不是什么大问题，我这么写习惯了，你别啰嗦了。

豆豆：哦……

小美：小磊，你可不可以课间小点声聊天呀？我下午课间特别困，想趴在桌上睡一会儿，但你一直又喊又闹的，我实在休息不了。

小磊：对不起，小美，我没意识到自己打扰到你了。你放心，下次我一定和同学们去操场玩，不吵到你休息。

小美：没关系的，可能是我总闷在教室里才犯困的。下次和你一块儿去操场透透气。

小磊：好呀！

你看，小明打断豆豆的劝告，让豆豆很难过，从而失去了一个真心为他好的朋友；小磊认真听取小美的意见，不仅消除了小美的不满，还让友情更进一步。这就是打断对方和耐心听取的差别。

第二招：认真聆听有回应。

张良苦口婆心地讲道理的时候，刘邦是继续被珠宝美人吸引而心不在焉呢，还是专心听张良的话并用实际行动做出回应呢？

当然是后者啦！在倾听别人劝告的时候，眼睛要看着说话的人，让说话的人知道你在认真地听、郑重地听。

如果对方说得对，你可以点头或者用"是啊""对""没错"等简单的话语表示赞同；如果听到精彩的地方，你就微笑一下或用掌声鼓励。这种积极的回应能够让对方在谈话中感到被尊重，他就会更加用心地为你考虑。假如你的同桌对你说："你怎么写字的时候总是趴在桌上呀？老师说这样对眼睛不好，也会弯腰驼背，很不好看的。"

这时候你要怎么办？不搭理她，维持原状吗？还是坐直身子，认真地看着她说："谢谢你的提醒，我觉得你说得特别对！你看我现在是不是好点？以后麻烦你多提醒提醒我呗！"

相信聪明的你一定会选择后者吧！

第三招：虚心听出话外音。

樊哙为什么问刘邦想坐拥天下还是想当个富贵闲人呢？你听懂樊哙的话外音了吗？

其实，樊哙并不是让刘邦做一道简单的选择题。他真正的意思是告诉刘邦，像你现在这样对着珍宝和美女"流口水"，当个不求上进的富人可以，但是不可能坐拥天下、成为明君。

我们在与人沟通的时候，也要多动动脑筋。除了听别人的说话内容，还要学会观察其他的线索，如对方的面部表情、肢体动作、说话语气，思考对方为什么要说这样的话。

你在和朋友聊天的时候，如果对方的眼睛时不时看一眼墙上的表，也许是他接下来有急事。那么你最好表示："我就不多聊啦，你先忙吧。"

楼下的邻居忽然上来敲你家的门问："在屋里跳绳好玩吗？"你就要想想他为什么这么问，是不是自己声音太大吵到楼下邻居了？是不是自己运动的时间不合适？那么你就要说："对不起，是不是我跳绳声音太大，吵到您了？以后我去外面跳，抱歉给您添麻烦了。"

相信机智的你一定能听出话外音，成功捕捉对方想要表达的意思。

长知识

1. 历史人物小名片

刘邦，字季，西汉开国皇帝。中国历史上杰出的政治家、战略家和军事指挥家。

樊哙，西汉开国元勋，大将军，左丞相，著名军事统帅。出身寒微，早年曾以屠狗为业。为吕后妹夫，深得汉高祖刘邦和吕后信任，是刘邦手下最勇猛的战将。

2．典故溯源

"忠言逆耳"的故事出自《汉书》：

沛公入秦，宫室帷帐狗马重宝妇女以千数，意欲留居之。樊哙谏，沛公不听。良曰："夫秦为无道，故沛公得至此。为天下除残去贼，宜缟素为资。今始入秦，即安其乐，此所谓'助桀为虐'。且'忠言逆耳利于行，毒药苦口利于病'，愿沛公听樊哙言。"沛公乃还军霸上。

3．成语释义

忠言逆耳：诚恳劝告的话，往往让人听起来不舒服。

例句：朋友的建议要有选择性地听取，正所谓忠言逆耳啊！

近义词：良药苦口

反义词：巧言令色

练口才

1．情景练习

你和好朋友乐乐在聊最近看的书。

乐乐：我今天终于把《西游记》看完了！

我：哇，乐乐你好厉害啊，＿＿＿＿＿＿＿＿＿＿＿？

乐乐：我最喜欢"真假美猴王"的故事，那只六耳猕猴变得和孙悟空一模一样，连唐僧都分辨不出他俩来呢！

我：啊，＿＿＿＿＿＿＿＿＿？

乐乐：最后只好到如来佛祖那里，这才识破了假悟空。我跟你说……

　　我：＿＿＿＿＿＿＿＿＿＿，我突然想起来今天要早点回家。

咱们下次再聊，你再好好给我讲讲"真假美猴王"的故事。

　　乐乐：好的，那我们下次再聊。

　　2. 双词关联造句训练。

　　请你从下面的词中随意抽取两个，并用它们造一个句子。

　　西瓜　外星人　铅笔　青草　毛笔　大象

　　苹果　自行车　电脑　篮球　汽车　太阳

　　例如：我用铅笔画了一个大西瓜。

参 考 答 案

1. 情景练习

乐乐：我今天终于把《西游记》看完了！

我：哇，乐乐你好厉害啊，你最喜欢《西游记》里的哪个故事呢？

乐乐：我最喜欢"真假美猴王"的故事，那只六耳猕猴变得和孙悟空一模一样，连唐僧都分辨不出他俩来呢！

我：啊，那怎么办啊？

乐乐：最后只好到如来佛祖那里，这才识破了假悟空。我跟你说……

我：乐乐，实在不好意思，我突然想起来今天要早点回家。咱们下次再聊，你再好好给我讲讲"真假美猴王"的故事。

乐乐：好的，那我们下次再聊。

第十二课

如何由衷地赞美别人？

唱儿歌

朱温与客同出游，烈日炎炎汗欲流。

偶遇柳树有凉荫，清风习习意悠悠。

主人不禁发赞叹，宾客急忙来点赞。

此时全忠未称帝，大家仍想拍马屁。

不想马屁拍马蹄，朱温对此很生气。

赞美别人要衷心，不可奉承有假意。

讲故事

小朋友，你是不是很喜欢被别人夸奖呢？可有时候对方夸得很不走心，连拍一串马屁，是不是会让你听着很不舒服呢？

孔子说："巧言令色，鲜矣仁。"不真诚的夸奖，收获的效果只会适得其反。那什么样的赞美是真诚而有新意的呢？

下面家语妈妈给大家讲一个朱温的故事。

话说有一次，朱温和宾客们在一棵大柳树下休息。大柳树枝繁叶茂，遮住了炎炎烈日，树下清风习习，十分凉爽，朱温不禁赞叹道："这真是一棵好柳树啊！"

宾客们为了讨好他，纷纷学他赞叹道："这柳树真好啊，这柳树真妙啊！"

朱温听了觉得好笑，又故意说道："这棵柳树可以做车轴。"实际上，柳木的质地是不适合做车轴的，这是常识。朱温就是想看看，这群人是说真话，还是继续拍马屁。果然，有些宾客不管什么对错，一心只想说好话把朱温哄乐呵，仍附和着朱温说："对对对，做车轴正好，简直再合适不过了！您真是英明！"

呵，真是拍马屁拍得黑白不分了！朱温烦透了这些鹦鹉学舌的人，他大声斥责道："柳树怎么能做车轴！车轴必须用榆木做！你们能不能有自己的想法！来人，把这些说'柳树可以做车轴'的人全部抓起来砍头！"

学魔法

不恰当的赞美不仅会被认为是溜须拍马，还有可能给自己引来杀身之祸。我们该如何恰如其分地赞美别人呢？快来和家语妈妈学习下面的小魔法吧！

第一招：赞美必须真诚且发自内心。

赞美之词要发自内心，而不是花言巧语。故事中的宾客们对柳树的赞美并不是发自内心的，只是朱温先说了，他们就人云亦云罢了。

实际生活中，如果夸奖同学字写得好，你可以说："你的字真漂亮，比我写得好多了！"可如果你说："你的字写得太好了，王羲之也比不过你。"这样的夸奖只会让对方回你一句："拍马屁。"

可能小朋友们会担心，有时候我们是真心诚意地想赞美别人，却说不出什么独特的话来。其实没关系，即使没有华丽的词汇，一些实实在在的赞美也能打动人心。

你想夸奖同学的作文写得好，如果你说："我觉得你的作文写得真好，虽然我也说不出具体哪里好，但就是读起来很舒服。"这样的赞美也会让对方感受到你的真诚。

有一说一，真诚朴素，才是赞美的不二法门呀！

第二招："优点+例子"夸奖法。

怎么夸奖才能夸进对方心坎里呢？不妨先用一句话概括出赞美对象的优点，紧接着举出具体的例子，这样会让你的夸奖抓住特点，夸出新意。如果像朱温的那些宾客们，根本没注意柳树的叶子密不密、枝条软不软，只知道附和地说"真好"，当然会让朱温不满意啦！那么具体应该怎么做呢？看看从下面的例子中你能领悟到什么。

妈妈早餐时做了面包，问你味道怎么样，你只说"好吃"，妈妈可能会有一点点小失望，觉得这只是你敷衍她。可如果你说："真好吃，里面的花生、葡萄干、核桃都很多，嚼起来很香；外面又特别松软，比面包店里的好吃多了。"这样的称赞，妈妈听了一定很开心，直夸你是个贴心的"小棉袄"。

第三招：礼貌地接受，得体地回应。

上面说的都是如何夸奖别人，那如果我们得到别人的夸奖，应该怎么做呢？

先礼貌地接受，然后得体地回应。除了微笑着说声"谢谢"，你也可以找机会夸夸人家。

你看，葫芦正和小伙伴一起做手工。

葫芦：你做的这只小白兔好逼真啊，好像眼睛都会一眨一眨的呢！

男孩：谢谢你，葫芦哥哥。你做的这个机器人也好棒，这里的天线还会动呢，是不是啊？

葫芦：对啊对啊，你看还可以这样折叠起来呢……

收到真诚的赞美，我们除了愉快地表示感谢，如果能够用心地夸对方几句，可能会收获更多朋友。

长知识

1. 历史人物小名片

朱温，后梁开国皇帝，唐僖宗赐名为"朱全忠"，即位后改名朱晃。

2. 典故溯源

"宜为车毂"的故事出自《资治通鉴》：

全忠尝与僚佐及游客坐于大柳之下，全忠独言曰："此木宜为车毂。"众莫应。有游客数人起应曰："宜为车毂。"全忠勃然厉声曰："书生辈好顺口玩人，皆此类也！车毂须用夹榆，柳木岂可为之！"顾左右曰："尚何待！"左右数十人捽言"宜为车毂"者，悉扑杀之。

练口才

1. 情景练习

（1）少泽是足球队的队员，有一次输掉了比赛。

少泽：差点儿就赢了，真烦！

家语：少泽哥哥，别灰心，下次比赛＿＿＿＿＿＿＿＿＿。虽然我不怎么懂足球，可是你＿＿＿＿＿＿＿＿＿，球飞过去，守门员根本无力反击啊！

少泽：谢谢你，家语。你真的去看我比赛了呀？

家语：是啊是啊，我觉得你们队下次一定能赢！

（2）好朋友乐乐给你展示他的画作，你该怎样称赞他呢？请你运用"优点+例子"夸奖法试试吧。

乐乐：这是我最新的画作，你看怎么样啊？

我：_____！特别是你画的这棵树，用了深浅不一的绿色来画树叶，_____。

乐乐：嗯，这棵树我画了好久呢，能得到你的夸奖我真开心！

2. 反应力游戏《鸡同鸭讲》

请爸爸妈妈提出一个问题，你要赶快动脑筋，回答出完全相反的答案。例如爸爸妈妈提问："太阳是方的吗？"你就应该回答："是的。"这个游戏训练你的反应力和思维能力，看谁回答得最快、最准确吧。

参考答案

1.情景练习

（1）少泽：差点儿就赢了，真烦！

家语：少泽哥哥，别灰心，下次比赛你一定能赢。虽然我不怎么懂足球，可是你最后踢的那一脚，球飞过去，守门员根本无力反击啊！

少泽：谢谢你，家语。你真的去看我比赛了呀？

家语：是啊是啊，我觉得你们队下次一定能赢！

（2）乐乐：这是我最新的画作，你看怎么样啊？

我：哇，好厉害啊！特别是你画的这棵树，用了深浅不一的绿色来画树叶，画出了阳光照在树上的感觉啊。

乐乐：嗯，这棵树我画了好久呢，能得到你的夸奖我真开心！

第十三课

如何鼓励情绪低落的朋友？

唱儿歌

小耿弇，把军从，

面对困难不放松。

两军阵前负伤重，

拔剑战斗忍剧痛。

帮助刘秀打天下，

有志做事定成功。

讲故事

　　小朋友，你是不是有时候会因为遇到困难而哭鼻子呀？这时候是不是希望有人能陪伴你、鼓励你呢？如果遇到身边的朋友情绪低落，躲在角落里偷偷哭泣，我们应该怎样鼓励他，帮助他尽快摆脱低落的情绪呢？

　　家语妈妈先来讲一个"有志者事竟成"的故事。

　　东汉的时候，皇帝刘秀派手下一名叫耿弇的将军去攻打张步。这个张步是谁呢？张步是个总欺负平民百姓、兵力又很强的地方恶霸，是个非常难搞定的狠角色。

　　耿弇和张步开战，正打得激烈，难分高下。突然，一支冷箭射中了耿弇的大腿。耿弇负伤，一下子就落了下风，战局对他非常不利。可是他并没有停止战斗，只见他抽出佩剑，"唰"的一下把箭砍断，忍着剧痛继续战斗。凭借着这股绝不认输、血拼到底的劲头，他和士兵们一起战胜了强敌，大获全胜。

　　皇帝非常高兴，高调地表扬了他，并且很感慨地说："以前在南阳的时候，你就提出攻打势力强大又危害百姓的张步，当时我觉得很难实现。现在我才知道，像你这样有志气的人，终归是能成功的。"

　　刘秀的这句话后来常被人们引用，成为一则非常著名的成语——有志者事竟成。它的意思是一个人只要有决心、有毅力，做事终究会成功。用它来鼓励遇到困难、处于低谷的朋友，往往能振奋斗志、提升士气。

学魔法

刘秀的这句话，用来鼓励身边那些因为遇到困难、想要放弃的朋友十分有力量。不过除了告诉朋友们"有志者事竟成"，你还可以做些什么呢？下面的小魔法能够给你再支几招。

第一招：学会正面引导。

其实，不管是小朋友还是大朋友，遇到困难或者遭受挫折的时候，心情都会变得很糟糕，会认为自己什么都做不好，把自己想得一文不值。这时候，就特别需要家人或者朋友从正面的角度，用引导的方式说一些鼓励和赞美的话来注入正能量。

比如大家一起准备班级的广播体操比赛，你的同桌总是有几个拍子跟不上，害怕自己一直到比赛也练不好，急得直哭。这时候，你要怎么办呢？试着从正面给她鼓励吧，你不妨试试这样说："小美，你看你跳操的时候，胳膊是全班伸得最平的，弓步也做得最标准，态度又这么认真。休息的时候，其他同学都在打闹玩耍，只有你不断练习，我们都得向你学习呢！你做得这么好都哭的话，我可要泪如泉涌啦！"相信小美听了这些话一定会破涕为笑的。

另外，在鼓励别人的时候，千万不能犹豫不决，一定要用肯定的语气，态度坚决地告诉她："你行！你可以！相信我，一定会好起来的！"

家语小时候刚开始学轮滑，总也掌握不好平衡，摔了好几跤。她哭着把轮滑鞋扔到一边，说："我再也不学了！"作为妈妈，我坚定地拉着她的手，认真地看着她的眼睛说："你一定行的！摔跤很正常呀，教练说他刚开始也经常摔跤。你之前学自行车学得那么快，平衡感肯定很好的，学轮滑也一定没问题，我相信你！"我用我的坚定带动了她对自己的肯定，让家语重拾了信心。

那错误的表达方式是什么样呢？假如你对小朋友说"不要伤心了，说不定能学好呢"，本来就很伤心的小朋友一听，说不定能学好，那意思是还有很大可能性学不好啊，肯定要继续伤心了。你的话不仅起不到鼓励的作用，还会适得其反，更增加了他的压力。

小朋友们要记住，首先你要很坚定，你的鼓励才会给对方力量啊！

第二招：寻找原因，想办法解决。

遇到困难不可怕，可怕的是一味自暴自弃。

如果你真的想要帮助朋友，就应该在他遇到挫折的时候，和他一起思考、探讨失败的原因，然后再寻找解决问题的方法。因为只有找到解决的方法，才能从根本上把问题解决掉。只要问题被解决了，所谓的困难自然就迎刃而解了，你的朋友也可以重拾信心了。

第三招：尽量用身边的故事和例子。

同学们都不喜欢空讲大道理的人。那么我们在鼓励别人的时候，也要举一些事实做例子，这样才更容易被接受。

我们可以讲一讲自己的体会和经历："上次我遇到这种事情是怎么克服困难的""上次我考试也没有考好，后来是如何加倍努力的"，等等。比起只说一些空话或者喊口号，从自己的亲身经历出发，会让对方更加信服。这种经历的分享还能转移对方的注意力，让他不要一味地沉浸在低落的情绪里。这种感同身受、将心比心的方式，最能引起共鸣。

长知识

1. 历史人物小名片

耿弇，字伯昭，东汉开国名将、军事家。耿弇自幼爱好兵法，将围点打援、声东击西等战术发挥到了极致，受历代军界推崇。

2. 典故溯源

"有志者事竟成"的故事出自《后汉书》：

将军前在南阳建此大策，常以为落落难合，有志者事竟成也。

3. 成语释义

有志者事竟成：有决心、有毅力的人，做事终究会成功。

例句：杨宇从一窍不通到获得机器人大赛一等奖，全靠他的坚持和钻研，真是有志者事竟成啊！

近义词：锲而不舍

反义词：半途而废

练口才

1.情景练习

语文期中考试成绩单发下来了，你的同桌浩然考了C等。他很难过，这时你要怎么鼓励他呢？

浩然：唉，才这么点分……

我：浩然，和上次比起来，你这次进步已经很大了，只要你再努把力，_____！

浩然：可是我都已经够努力了，还是没考到B等啊！

我：也不能只看分数，你看你平时不擅长的题目，_____，这说明你的努力都没有白费啊。我这次之所以考得不错，是因为_____，况且我之前的单元测试也做得很不好呢。不过，我还是_____，我相信你_____！

2.请你有感情地朗诵下面这篇文章。

少年中国说（节选）

近代　梁启超

故今日之责任，不在他人，而全在我少年。少年智则国智，少年富则国富，少年强则国强，少年独立则国独立，少年自由则国自由，少年进步则国进步，少年胜于欧洲则国胜于欧洲，少年雄于地球则国雄于地球。

红日初升，其道大光。河出伏流，一泻汪洋。潜龙腾渊，鳞爪飞扬。乳虎啸谷，百兽震惶。鹰隼试翼，风尘翕张。奇花初胎，矞矞皇皇。干将发硎，有作其芒。天戴其苍，地履其黄。纵有千古，横有八荒。前途似海，来日方长。

美哉，我少年中国，与天不老！壮哉，我中国少年，与国无疆！

参 考 答 案

1. 情景练习

浩然：唉，才这么点分……

我：浩然，和上次比起来，你这次进步已经很大了，只要你再努把力，一定能考得更好！

浩然：可是我都已经够努力了，还是没考到B等啊！

我：也不能只看分数，你看你平时不擅长的题目，这次做得都不错，这说明你的努力都没有白费啊。我这次之所以考得不错，是因为我坚持把自己的错题都整理了一遍，况且我之前的单元测试也做得很不好呢。不过，我还是没放弃，我相信你也一定可以的！

第十四课

如何保护别人的自尊心？

汉刘秀，霸权立，公孙述也自称帝。

马援前去拉关系，谁料颜面全扫地。

回去之后改主意，投靠刘秀去反击。

与人交谈要注意，妄自尊大遭背弃。

讲故事

小朋友，你有没有过被取笑、被轻视，感觉自尊心受到伤害的时候呀？你一定知道这种感觉非常不好受。孔子说："己所不欲，勿施于人。"我们每个人都渴望被尊重，那么与人交流的过程中，应该怎样维护别人的自尊心呢？

家语妈妈给大家讲一个"妄自尊大"的故事，看看大家能否从故事里找到答案。

东汉初年，刘秀当了皇帝。虽然政权已经建立，但地方上并不太平。有个叫公孙述的人，自以为了不起，在四川一带称王称霸，做起了土皇帝。

这时候，另外一个在地方上比较有势力的人叫隗嚣，想要跟公孙述拉好关系，于是派部下马援去公孙述那探探情况。

这个马援和公孙述是旧相识了，俩人既是同乡，又是发小。按常理，儿时的伙伴远行千里来相见，不得好酒好菜好好招待嘛。然而，当马援来见公孙述时，公孙述竟端出皇帝的架子，让马援对他行帝王之礼。还没说几句话呢，公孙述就要退朝回宫，派人把马援打发走了，完全没把马援放在眼里。

马援"热脸贴了冷屁股"，自尊心受到了极大的伤害。于是回去后对隗嚣说："公孙述简直就是只井底之蛙，还真把自己当成多大的人物了，自以为很了不起，不把任何人放在眼里，妄自尊大。这种人，咱们万万依靠不得，不如去洛阳刘秀那里寻找出路吧!"

后来,马援真的投靠了刘秀,帮助刘秀打败了公孙述,立下了赫赫战功。

学魔法

相信大家都不喜欢像公孙述这样目空一切、把别人的自尊心踩在脚下的人,那应该如何去尊重别人、不做妄自尊大的人呢?赶紧学习下面的几个小魔法吧!

第一招:不要当众揭人短处。

俗话说"金无足赤,人无完人",人人都会有短处。还有句俗语叫"打人不打脸,骂人不揭短",即使对别人有再大的意见,也不能拿对方的短处来伤害他。

你知道同桌哆哆唱歌跑调,但你从来没声张,可班上的壮壮偏偏跟别人开玩笑说:"哆哆唱歌跑调很厉害,就像鸭子嘎嘎叫似的!"哆哆被气得直哭。这时候,你要勇敢地对壮壮说:"你这样嘲笑哆哆是不对的,你伤害了哆哆的自尊心,请你向她道歉!"

没有一个人愿意让别人攻击自己的短处。即便是最亲近的家人、最亲密的朋友,这样当众把别人的短处说出来,也会让人特别难堪,留下难以抹平的心灵创伤。其实这一点爸爸妈妈更应该注意,不要在亲戚、老师或者其他孩子面前指责孩子的缺点。尤其是拿自家孩子的缺点和其他孩子的优点作比较,这种言语暴力会给孩子留下很大的心理伤害。

有一次，我和家语在小区的电梯里碰到了一位邻居和他的孩子，家语主动向邻居问好。邻居一看，也要求他的孩子和我们打招呼。可这个孩子比较内向，而且和我们也不太熟，就使劲抿着嘴一言不发，一个劲儿地往后缩。站在一旁的邻居觉得尴尬，一点儿也不顾及孩子的感受，数落道："我们家这个呀，不爱说话，胆子小，没见过世面，真没法和你的孩子比！"其实这位家长不明白，被大人说"没礼貌"，会让孩子感到羞愧和挫败。在大庭广众之下被大人揪出来，和其他孩子比较，恐怕以后这孩子会更没有自信，更不敢和别人打招呼了。

第二招：不传播别人的隐私。

小朋友，你是不是也有小心翼翼藏起来、不想被别人说出来的小秘密呢？这些不涉及他人利益、只关于我们自己、不想被别人知道的事情，就是我们的隐私。

有的小朋友家庭不太幸福，爸爸妈妈分开生活了，自己住在爷爷奶奶家里。如果其他小朋友嘲笑她，骂她是"野孩子""拖油瓶""没人要"，请你一定要站出来，制止这种行为。这不仅是维护一个人的隐私，更是保护一颗脆弱的心灵，甚至是一条幼小的生命。

家语妈妈为什么把这件事说得这么严重呢？因为在校园暴力中，言语暴力、对他人隐私的传播，是导致自杀的重要原因。这一点不仅是情商的问题，还关系到一个人的道德品质。严重的情况下，这么做还会触犯别人的隐私权，要承担相应的法律责任。这是一件非常严肃的事。

有一次，我在聚会中碰到一个小朋友冒失地去问一位他认识的叔叔："我妈妈说，你和阿姨经常吵架，是真的吗？"当时很多人在场，那位叔叔听完窘得满脸通红。虽然说童言无忌，但是以后这位叔叔再见到这位小朋友和他的家长，总是躲着走，两家人也很少来往了。

我们一定要管住自己的嘴巴，不去闲聊八卦，尤其是别人的家庭情况、身体缺陷等隐私，千万不要到处散播。做一个正义的小使者，去保护、温暖每一颗需要被尊重的心灵。

第三招：学会为别人的缺点找"台阶"。

我们常说的"要给别人台阶下"，意思就是当别人遇到尴尬的事情或者不小心出糗的时候，给别人找一个理由，帮助别人摆脱窘境，缓解尴尬的气氛，照顾对方的自尊心。

你一定认识篮球明星姚明吧！他当年刚进入NBA（美国职业篮球联赛）的时候，有一个非常厉害的球员巴克利对他十分不看好，只要有机会就要嘲讽上几句。有一次，巴克利在电视节目中放言："姚明就是个'菜鸟'，只要他单场得到十九分以上，我就当众亲驴屁股！"这种对姚明的侮辱言论通过电视散播到全世界，引起了轩然大波。可姚明听到这种羞辱后，并没有愤怒。当记者问姚明什么感受时，姚明幽默地回应道："那我就天天都拿十八分吧！"言外之意是在为巴克利着想。这个回应，引得现场一片笑声。事后，姚明努力训练。没过多久，就轻松拿下了二十多分。此时的巴克利，不得不兑现自己的诺言——当众亲吻驴屁股！而巴克利亲吻驴屁股后不久，姚明再次被问及此事，此时姚明的回应是："巴克利就是在开一个玩笑而已……这并不影响我对巴克利的尊重。"你看，姚明既用实力证明了自己，又用幽默化解了巴克利的尴尬。给对方台阶下，把对手变成朋友。

我们如果可以恰到好处地帮助别人摆脱窘境，对方一定会打心底感激你呢！

长知识

1. 历史人物小名片

马援，字文渊，西汉末年至东汉初年著名军事家，东汉开国功臣之一。新朝末年，马援投靠到陇右军阀隗嚣麾下，甚得器重。后归顺光武帝刘秀，为刘秀统一天下立下了赫赫战功。

2. 典故溯源

"妄自尊大"的故事出自《后汉书》：

子阳井底蛙耳，而妄自尊大，不如专意东方。

3. 成语释义

妄自尊大：狂妄地自高自大。

例句：当我们面对敌人时，既不宜妄自尊大，也不可妄自菲薄，而是要知己知彼，才能百战不殆。

近义词：目中无人

反义词：妄自菲薄

练口才

1. 情景练习

（1）同学们正在上体育课踢毽子，彤彤总是把毽子踢飞。

陌陌：彤彤，你总是把毽子踢飞，害得我们不断地去捡。就是因为你太胖了，腿又粗，抬不起来！

彤彤：你……你……你取笑人！

陌陌：可我说的是事实啊，你就是太胖了。

（陌陌当众取笑彤彤，是不是让彤彤在同学面前很难堪？如果是你，当彤彤总是把毽子踢飞时，你会说什么来保护彤彤的自尊心呢？）

彤彤：不好意思，我不玩了，我太胖了，总是把毽子踢飞……

我：嗨，没关系的，你才刚学会，_____，而且踢毽子是最好的减肥运动，快来一起玩吧！

（2）朋朋有个爱流鼻涕的小毛病。这一天，他和你在一起玩游戏，鼻涕又流了出来。

我：朋朋，你流鼻涕了。

朋朋：我……我……

我：我知道了，这几天天冷，_____？

朋朋：嗯，嗯，我好像是感冒了。

我：_____，快擦擦鼻涕吧，注意保暖，多喝热水。

朋朋：谢谢。

2. 小朋友们，让我们一起练习下面的绕口令吧!

校长说：校服上除了校徽别别别的，让你别别别的别别别的，你非得别别的。

参 考 答 案

1.情景练习

（1）彤彤：不好意思，我不玩了，我太胖了，总是把毽子踢飞……

我：嗨，没关系的，你才刚学会，谁也不能一下子就踢得很好啊，而且踢毽子是最好的减肥运动，快来一起玩吧！

（2）我：朋朋，你流鼻涕了。

朋朋：我……我……

我：我知道了，这几天天冷，你是不是有点感冒啊？

朋朋：嗯，嗯，我好像是感冒了。

我：我这儿有纸巾，快擦擦鼻涕吧，注意保暖，多喝热水。

朋朋：谢谢。

第十五课

参加宴会时，怎样说话更受人欢迎？

唐伯虎，有才干，舌灿莲花善言谈。

老太生日摆寿宴，宴前作诗众哗然。

三言两语解疑惑，先贬后褒得夸赞。

祝福赞美做典范，妙语连珠成美谈。

讲故事

生活中，我们会经常参加各种各样的宴会，像是爷爷奶奶的生日宴、爸爸妈妈同事的婚礼或者同学的生日聚会。那么在宴会上，我们应该怎样说话、说些什么话，才能成为受欢迎的小客人呢？

家语妈妈给大家讲一个关于唐伯虎的故事吧。

唐伯虎是明代著名的大才子，他不但博览群书，才华横溢，而且为人诙谐幽默，常常妙语连珠。

有一次，一位老太太过生日。她的儿子久闻唐伯虎大名，特地登门拜访了唐伯虎，邀请他参加宴会、吟诗助兴。唐伯虎爽快地答应了。寿宴上，大家都想见识见识唐伯虎的才华，就请他现场为老太太作一首祝寿诗。

唐伯虎想了想，指着老太太说："这个婆娘不是人。"这下子可炸开了锅，大家都在想，这个唐伯虎真是枉读圣贤书，怎么开口就骂人呢？

正当老太太要生气的时候，唐伯虎从容地说："九天仙女下凡尘。"于是大家喜笑颜开，原来唐伯虎是在夸这位老寿星是仙女啊！

不料大家正高兴的时候，唐伯虎又说："儿孙个个都是贼。"这家的儿子一听，鼻子都要气歪了。这个唐伯虎，果然是狗嘴里吐不出象牙，我们怎么就成贼了呢？

然后，唐伯虎微微一笑，慢悠悠地吐出最后一句："偷得仙桃奉至亲。"

原来唐伯虎是在称赞主人是一位孝顺的儿子，为母亲献上的寿桃是仙桃。谁能偷来仙桃啊？齐天大圣孙悟空才能偷吃王母娘娘的蟠桃呢！这里啊，唐伯虎是把主人比作齐天大圣，是对主人的一种幽默风趣的称赞啊！

大家听完这首祝寿诗，纷纷鼓掌，拍手叫绝。宴会的气氛一下子活跃起来，宾客的脸上都挂着笑容，主人和老太太更是高兴得合不拢嘴。这个唐伯虎，真不愧是大才子！

学魔法

当然，并不是每个人都有唐伯虎这样出口成章的本领和文采，但语言得体又风趣，还是可以学着做到的。下面的三个小魔法可以帮助你学习宴会上说话的奥秘。

第一招：尊重主人，礼节到位。

参加宴会有一些基本的礼仪，最简单也最重要的就是要准时。想一想，万一去参加婚礼迟到了，台上的新郎新娘正深情告白时，你忽然推门进来，是不是有点破坏气氛、略显尴尬呀？为了表示诚意，一般要提前到达，不要让他人久等自己。

到场后，就只是坐着低头吃东西吗？这样也很不礼貌。为了避免冷场，应先向主人问候，主动送上祝福，再和其他客人交谈。千万不要不理人，这样会让主人觉得是自己招待不周，冷落了客人。

可是和其他客人都不认识，要谈些什么呢？你去参加同学萌萌的生日会，就可以跟其他客人说："萌萌不仅聪明，还很勤奋，对同学也超级好。在学校，她经常教我做数学题，我私下里都叫她'师父'的！"

小朋友们要注意的一点是，与其他客人交谈的内容，尽量不要涉及宴会主人的隐私，不要随意开玩笑。你们可以聊一聊主人的优点，生活的趣事，等等。

如果有事情提前离开，要向主人说明以后再悄悄离去，不打扰宴会的正常进行。宴会结束时，和主人告别，并表示感谢。

第二招：分清场合和宴会主题。

唐伯虎参加老太太的生日宴会，所作诗句的主要目的是给长辈祝寿，同时达到了活跃气氛的效果，这才得到了大家的认同。我们在参加宴会时，要了解宴会的主题和目的，千万不要说不合时宜的话。

如果参加的是喜庆的宴会，一定要多说吉祥的话，不说人家避讳的，比如死、丑、完了，等等。我们去参加婚礼，千万不要问"婚礼什么时候结束啊"或者说"新娘还没有伴娘好看"这种话。俗话说："礼多人不怪。"多说吉祥话，会让主人更高兴呀！

当然，说吉祥话也要分清场合，不能在成人礼上说"祝您寿比南山"或在八十大寿上说"祝您早生贵子"，这都是不合时宜、不恰当的。

想一想，如果你参加叔叔婶婶的婚宴，说什么吉祥话最合适呢？你可以尝试这样说："叔叔和婶婶真的是郎才女貌，般配极了！祝福叔叔婶婶白头偕老，百年好合，家庭美满，幸福久久！"如果你想说得再有文采一点，鸳鸯、比目鱼、比翼鸟、连理枝，等等，都是用来比喻夫妻的，不妨试一试呀！在表哥的升学宴上，你可以说："恭喜表哥如愿考上了理想的大学！祝表哥一帆风顺，学业有成。"在参加老人寿宴的时候，就要说一些像长命百岁、福如东海、寿比南山之类的祝福语。

总之，祝福要适合对方的年龄和身份。聪明的你记住了吗？

第三招：祝福要真诚，赞美要独特。

故事中唐伯虎的生日祝福非常特别，让人印象格外深刻。你的祝福也要更真诚一点，尽量特别一点呀！

如果称赞别人的时候，你只是说："你很漂亮！你好厉害啊！"就会显得有些敷衍，而称赞具体的细节会更让人感到真诚和舒服。

表哥虽然在高考前生病住院一段时间，但是仍然努力考上了理想的大学。那么你在表达祝福的时候，就可以说："表哥克服了很多困难，才获得了高考的好成绩，实在是来之不易。祝福表哥在以后的学习生活里，取得更大的成功！我不仅要向表哥的好成绩看齐，更要学习表哥不服输、不放弃的精神，成为像表哥一样优秀的人！"这样的赞美是不是更容易打动人心、更加真诚呢？

长知识

1. 历史人物小名片

唐寅，字伯虎，号六如居士，明代著名画家、书法家、诗人。绘画上，与沈周、文徵明、仇英并称"吴门四家"；诗文上，与祝允明、文徵明、徐祯卿并称"吴中四才子"。

2. 文化常识

寿桃是中国古代神话中可使人延年益寿的桃子。传说西王母娘娘做寿，设蟠桃会款待群仙，因而人们常用桃来做贺寿的礼品。

练口才

1. 情景练习

（1）连一连，在下面这些场景中应该说些什么样的吉祥话。

爷爷奶奶的生日	百年好合，早生贵子！
叔叔阿姨的婚礼	新岁吉祥，万事如意！
同学的毕业聚会	福如东海，寿比南山！
春节给长辈拜年	一帆风顺，前程似锦！

（2）爸爸：家语和葫芦，今天是奶奶的生日，你们两个能不能说一些祝福奶奶的话啊？

家语：我祝奶奶寿比南山不老松。

葫芦：我祝奶奶_____。

奶奶：好，太好了，谢谢孩子们！

（3）小诺去参加妈妈的同事王叔叔的婚礼。

王叔叔：小诺，你好，欢迎你来！

小诺：王叔叔好，很高兴参加您的婚礼，祝愿_____。

2. 小朋友们，熊妈妈要请客啦！我们先一起读一读，再去赴宴吧！

熊妈妈要请客，

吃的喝的摆上桌。

小熊看了直叫馋，

踩着椅子爬上桌。

又吃菜、又吃馍，顶数鱼汤最好喝。

扔了勺、翻了锅，盘子摔了一大摞。

熊妈妈皱眉头，

客人来了吃什么？

（小朋友们，先读一读，练练口才。再给熊妈妈想想办法，假如你是去赴宴的小客人，会带什么拿手菜给大家一起品尝呢？）

参考答案

1.情景练习

（1）

爷爷奶奶的生日 ——— 百年好合，早生贵子！

叔叔阿姨的婚礼 ——— 新岁吉祥，万事如意！

同学的毕业聚会 ——— 福如东海，寿比南山！

春节给长辈拜年 ——— 一帆风顺，前程似锦！

（2）爸爸：家语和葫芦，今天是奶奶的生日，你们两个能不能说一些祝福奶奶的话啊？

家语：我祝奶奶寿比南山不老松。

葫芦：我祝奶奶福如东海长流水。

奶奶：好，太好了，谢谢孩子们！

（3）王叔叔：小诺，你好，欢迎你来！

小诺：王叔叔好，很高兴参加您的婚礼，祝愿您和阿姨生活甜蜜。

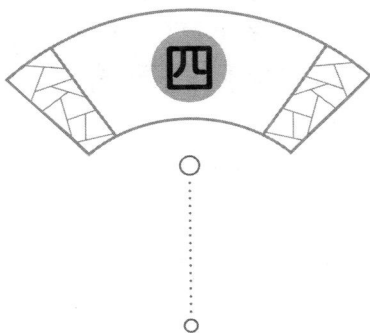

四

○

人际交往

换一种表达，让对方更懂你

第十六课

如何说服别人帮助你？

唱儿歌

诸葛亮，智谋高，

刘备请他论滔滔。

为表真诚与决心，

三顾茅庐视作宝。

诚意感动请出山，

推心置腹朋友交。

讲故事

俗话说："锦上添花易，雪中送炭难。"在学习和生活中，我们经常会遇到一些困难。在困境中寻求别人的帮助时，我们要如何说、如何做，才能让别人愿意帮助我们呢？

下面家语妈妈给大家讲一个"三顾茅庐"的故事，让我们来看一看刘备是怎样请诸葛亮出山帮自己成就蜀汉基业的吧！

刘备、关羽和张飞在战争中被曹操打败了，三个人非常着急，特别想请一位真正有才能的人来帮助他们。

这个时候，有人向刘备推荐了诸葛亮，说这个诸葛亮啊，学识渊博、足智多谋，是举世罕见的奇才，号称"卧龙"。谁要是能请他出山相助，定能称雄一方。只是这诸葛亮并没有追求功名利禄的心思，平时住在卧龙岗的几间茅草房里，在家种地读书，根本不想出来做官。别说是请他出山了，想见他一面都非常不容易。

刘备想了想，为了成就大业，再难也要去试试。于是第二天，刘关张三兄弟带着丰厚的礼物，前往南阳的卧龙岗去拜访诸葛亮。

那时候，可没有飞机和高铁。三个人骑着马，翻山越岭，好不容易在一片山林中找到了诸葛亮的家。可是非常不巧，诸葛亮游山玩水去了，只有书童在家看门。那个时候也没有手机，他们根本就不知道诸葛亮去哪了，要多久才回来。联系不上他，三个人只好失望地回去了。

过了几天，刘备、关羽、张飞冒着大雪又来到了诸葛亮的家里。这次，刘备从院子里看到一个年轻人正坐在屋里读书。心想这回可好了，终于见到诸葛亮了，于是急忙上前行礼。可是，这个年轻人却说自己是诸葛亮的弟弟，哥哥被朋友请走了。

刘备都来了两次了，却连个人影也没见着，他很失望。

转眼新年都过去了，刘备、关羽、张飞商量了一下，还得再去请诸葛亮。三个人就第三次来到卧龙岗，这次诸葛亮恰好在家，但是他正在睡觉。

刘备就让关羽和张飞在门外等候，自己恭敬地站在茅草房前的台阶下，静静地等诸葛亮醒来。

过了好长时间，诸葛亮才睡醒，刘备急忙上前请教。诸葛亮终于被刘备的诚意所打动，答应随他一起出山平定天下。那年，诸葛亮才二十七岁。

在诸葛亮的帮助下，刘备建立了蜀国，与曹操、孙权形成了三足鼎立的局面，这就是历史上著名的三国时期。刘备三次邀请诸葛亮的故事也传为佳话，被人们称为"三顾茅庐"。

学魔法

读了"三顾茅庐"的故事，是不是觉得求人帮忙很不容易呀？其实掌握了窍门，成功求助就不难。下面有三个小魔法，快来学学吧！

第一招：寻求帮助要礼貌。

刘备第二次去请诸葛亮的时候，错把诸葛亮的弟弟当成了诸葛亮，但是他还是急忙上前行礼。第三次去的时候，诸葛亮在睡觉，刘备也没有急于叫醒他，而是站在门外默默地等他醒来。

我们在请别人帮忙的时候，要礼貌先行。这样说会好一些："您好阿姨，能麻烦您帮我加点开水吗？""对不起，打扰一下，请问可以帮我讲下这道题吗？""叔叔您好，抱歉打扰您，请问去动物园的路怎么走？"

在家语小的时候，我为了锻炼她，出去吃饭总是鼓励她自己来点餐，或者让她去找服务员沟通所需要的东西，像餐巾纸等。很多时候，家语会跑过去大声地说："阿姨好，我想要一包餐巾纸。"说完，扭头就往回跑。这时候，我就会告诉家语：别人帮助了你，一定要主动及时地表示感谢，这说明你对他人的帮助非常重视，也是人之常情。

小朋友们，记得接受了他人的帮助之后，要真诚地说一声"谢谢"呀！

第二招：放低姿态显谦虚。

刘备看到诸葛亮在休息，便没有打扰他，静静地站在门外等他睡到自然醒。其实此时刘备的身份要高出诸葛亮许多，但他并没有目中无人，而是保持谦虚，以一种非常诚恳的态度去请求诸葛亮的帮助。这样的态度，诸葛亮怎能不被打动呢？

小朋友们在寻求帮助的时候，也一定要摆正自己的姿态。

比如"那个谁，我打球累了，你去替我把黑板擦了""嘿，老头，篮球馆咋走"，这样居高临下的姿态，是不可能获得帮助的。因为没人有义务必须帮助我们，所以有求于人时，就要多用"请""抱歉""辛苦""麻烦"这样的字眼，必要时鞠躬表示请求或感谢。比如你要请求班上跳舞好的囡囡帮你改编舞，虽然你们是同学，但你还是应该说："囡囡，请问你可以帮我一个小忙吗？抱歉可能会占用你周末的时间，辛苦你帮忙看看这支舞哪里不合适。真的很不好意思麻烦你！"这样把姿态放低，对方会更容易被你的真诚打动，向你伸出援助之手。

第三招：遭到拒绝应谅解。

求别人帮忙，如果对方答应，我们应该表示感谢；如果对方拒绝，我们也要接受和理解。在对方拒绝你时，可以大度地说一声："没关系，还是谢谢你呀。"或者说："没关系的，我再找别人帮忙吧。""没关系，我再想想其他的办法。"

书法课上，你忘了带毛笔，询问同桌是否有多余的毛笔、能不能借给你时，同桌回答："抱歉，我就只带了一支。"这时，你要怎么办呢？记住不要表现出失望和不开心，要微笑着说："好的，没关系，我再问问其他同学吧。"同桌可能会看在你很需要帮助、态度又诚恳的份上，说："我认识的朋友多，我去隔壁班帮你借！"

总之，不要让对方因为拒绝你而感到尴尬或是愧疚。谅解的语言既显示了你的大度，也给自己留有余地，说不定会有转机出现呢！

另外，在遭到拒绝时，如果你能想出不同的解决方法，也有可能说服你的小伙伴。

东东让恒恒跟他一起打球，恒恒拒绝了。那么东东要怎样才能说服恒恒和他一起玩球呢？东东想出了好几种方案：

◎ 告诉恒恒，很多孩子来玩球，大家可以一起玩。

◎ 如果恒恒参与进来，可以教恒恒如何打篮球。

◎ 向恒恒发出一场篮球赛邀请，并且让他赢。

相信情商高、说服能力强的你一定会想到解决问题的不同方法。

长知识

1. 历史人物小名片

诸葛亮，字孔明，号卧龙，三国时期蜀汉丞相，杰出的政治家、军事家、文学家、书法家、发明家，是中国传统文化中忠臣与智者形象的代表人物。

2. 典故溯源

"三顾茅庐"的典故出自《出师表》：

臣本布衣，躬耕于南阳，苟全性命于乱世，不求闻达于诸侯。先帝不以臣卑鄙，猥自枉屈，三顾臣于草庐之中，咨臣以当世之事，由是感激，遂许先帝以驱驰。后值倾覆，受任于败军之际，奉命于危难之间，尔来二十有一年矣。

3. 成语释义

三顾茅庐：比喻真心诚意，一再邀请。

例句：校长三顾茅庐，才请来了退休的林老师做指导。

近义词：礼贤下士、求贤若渴

反义词：拒人千里、妄自尊大

练口才

1. 情景练习

（1）假如你是孙悟空，你会帮助哪一个八戒呢？选一选并说一说为什么。

A

八戒：弼马温，弼马温，你快开门！

悟空：你不好好陪师父去西天取经，来我花果山做什么？

八戒：师父又被妖怪抓走了，你快去救他！

悟空：我才不去！

八戒：你这猴子，居然敢不救师父！

B

八戒：大师兄，你快开门！

悟空：你不好好陪师父去西天取经，来我花果山做什么？

八戒：师父又被妖怪抓走了，你快去救他！

悟空：我才不去！

八戒：大师兄，你神通广大，只有你能降服妖怪，救出师父啊！

（2）书店里，有两位小朋友向售货员求助。如果你是售货员，你更愿意帮助哪位小朋友呢？

A

小朋友：哎，你过来，帮我拿一下那本书！

售货员：……

小朋友：哎哎，我叫你呢，你没听见吗？这人怎么这样啊！

B

小朋友：叔叔，您能帮我一个忙吗？

售货员：怎么了，小朋友？

小朋友：我想要最上面那本书，请您帮我拿一下吧。

售货员：没问题，给你。

2. 小朋友们，让我们一起练习下面的绕口令吧！

什么上山吱扭扭，什么下山乱点头。什么有头无有尾，什么有尾无有头。什么有腿家中坐，什么没腿游汴州。赵州桥什么人修，玉石栏杆什么人留。什么人骑驴桥上走，什么人推车轧道沟。什么人扛刀桥上站，什么人勒马看《春秋》。什么人拉着什么人是哈哈笑，什么人拉着什么人是泪交流。

车子上山吱扭扭，瘸子下山乱点头。蛤蟆有头无有尾，蝎子有尾无有头。有腿儿的板凳家中坐，没腿儿的粮船游汴州。赵州桥，李春修，玉石栏杆圣人留。张果老骑驴桥上走，柴王爷推车轧了一道沟。周仓扛刀桥上站，关公勒马看《春秋》。小刘海拉着孟姜女是哈哈笑，孟姜女拉着小刘海是泪交流。

参 考 答 案

1. 情景练习

（1）我会帮助B中的猪八戒，因为他对大师兄很尊敬。

（2）我会帮助B中的小朋友，因为他有礼貌。

第十七课

如何委婉地拒绝？

宋国有农夫，挖得一美玉。

前去送子罕，却被子罕拒。

廉洁当作宝，切不可丢弃。

拒绝要委婉，话语应相宜。

讲故事

拒绝别人的好意是很困难的，做不好就会伤害两个人的情谊。怎样拒绝别人，又不得罪人呢？

家语妈妈先讲一个"以廉为宝"的故事，我们一起看看故事里的主人公是怎样委婉拒绝别人的吧！

一天，宋国的一个农夫正在耕地，忽然发现地里有一块坚硬的东西，就赶紧用手扒开一看，原来是一块宝玉。这可真是挖到宝贝了！农夫高高兴兴地把宝玉挖出来，准备把它献给宋国的相国子罕。为什么要送给子罕呢？因为子罕平时非常关心百姓生活，是老百姓的"父母官"，所以大家都很爱戴他。

可是，当农夫把宝玉送给子罕的时候，子罕却怎么也不肯接受。农夫以为子罕不相信这是真的宝玉，便说："我已经让雕琢玉器的工匠鉴定过这块宝玉了，绝对是真的，我这才敢献给您啊！"

子罕十分感动，却仍说："我不能收您的宝玉，不是因为它的真假。而是因为这块玉对您来说是宝贝，而对我来说呢，廉洁才是我的宝贝。如果我接受了你的宝玉，那咱俩岂不是都丢掉了自己的宝贝吗？不如你把宝玉拿回去，让我们各自保有自己的宝贝吧。"

最后，农夫只好把宝玉拿了回去。面对一块宝玉，子罕能毫不动心，不拿群众一针一线，保持廉洁，坚定地把"不贪"视为

"宝"，这种品质十分可贵。大家听说了这件事后，都对子罕更加尊敬了。

学魔法

子罕拒绝了农夫，不仅没有让农夫恼羞成怒，反而让对方心服口服，成为一桩美谈。这就是拒绝的艺术。下面的几个小魔法，可以帮助你委婉地拒绝别人又不伤和气。

第一招：坚持自己的原则。

很多时候，我们会碍于面子，不好意思拒绝。其实这样并不利于建立良好的人际关系，反而会给自己添不少麻烦，造成不必要的误会。

故事中，向子罕献宝玉的农夫是一片真心。虽然实在不忍辜负，但是子罕有自己做事的原则。他坚持拒绝接受宝玉，不仅没有伤害农夫对他的爱戴之心，还传成佳话，正是这个道理。

在生活中，不论对方的请求多么诚恳，如果违背了自己的原则，就应该明确拒绝，久之是可以获得理解的。有一天，你和朋友小亮放学后在班级值日时，捡到了二十元钱。于是小亮提出"见者有份"，想用捡到的钱请你喝饮料。这时，你是接受他的一番美意，还是坚定地拒绝他，并且建议他交给老师、寻找失主呢？相信正直的你一定会说："谢谢小亮，咱们不能拿。丢钱的同学现在一定很着急。我们交给老师吧，想办法找到失主。"

坚持自己的原则，面对他人主动提供的利益诱惑时，要思考

"君子有所为，有所不为"。不为不义之财所动，这才是新时代的"三好"小少年呀！

第二招：拒绝言辞要委婉。

子罕在说明自己的理由时，并没有居高临下或者言辞刻薄，而是将心比心，心平气和地表明自己的真实想法。这样对方更加容易接受，不至于太尴尬。

拒绝他人的好意时，言语一定要委婉并且不失礼貌，尽量不要让对方觉得你很难接近，"热脸贴了冷屁股"。同桌小楠午休回来，热情地对你说："我妈妈给我买了超级好吃的巧克力蛋糕，我都舍不得自己吃，就想和你一起分享！"但你上午拉肚子了，现在肚子正难受呢，根本不想吃甜的东西，怎么办呢？看着小楠热情的样子，一定不要伤了她的心呀，你可以对她说："太谢谢你啦，看着就特别好吃！但是太遗憾了，我现在肚子不舒服，不方便吃。陪着你、看着你吃，我就很开心啦！下次我带小蛋糕过来，我们再一起品尝吧！"相信小楠一定能体谅你，即使被拒绝了，也会一如既往地喜欢你。

对于他人的请求，当我们确实不想答应时，应该先道歉，再拒绝。比如同学请你给他讲一道数学题，可是你也一知半解，你可以说："很抱歉，我自己也不是很懂，怕把你教错了，实在不好意思。"这样既不会让对方感到难堪，又可以达到委婉谢绝的目的。同样是这件事，你可以说："这道题我确实也不太会，好像班上很多同学都没听懂。我们一起去办公室跟老师说一下吧，如果老师再讲一次，大家就都懂啦！"

当对方提出请求后，不必当场拒绝，可以采取拖延的办法。朋友丽丽邀请你周末一起去公园，你可以说："我再考虑一下，明天答复你。"或者说："我要回家和爸爸妈妈商量一下。"这样，你就赢得了考虑如何答复的时间，事后可以用短信或者电话的形式表达拒绝之意，避免当面拒绝的尴尬。

第三招：要有帮助、有替代的拒绝。

虽然拒绝了别人，但也要尽可能地想办法从其他方面给对方一些帮助，替他想一些办法。这样的拒绝是最智慧的，也更充满善意。

有一次，家语的同学约她周六一起看电影。家语正好有其他活动，又觉得拒绝同学很不好意思，怕同学失望，很是苦恼。我就告诉她不妨这样说："这部电影我也特别想看，但是很抱歉，我这周六要去参加网球活动。我们另外约个时间好不好呀？你这个周日或者下个周末有时间吗？"

这样，在拒绝的同时，询问对方是否可以换个时间会显得更加友好。让对方觉得你是很认真地回应他，就不会感到尴尬或是失望了。

长知识

1. 历史人物小名片

子罕，子姓，乐氏，名喜，字子罕，春秋时期宋国人，宋国贤臣。

2.典故溯源

"以廉为宝"的故事出自《吕氏春秋》：

宋之野人，耕而得玉，献之司城子罕，子罕不受。野人请曰："此野人之宝也，愿相国为之赐而受之也。"子罕曰："子以玉为宝，我以不受为宝。"故宋国之长者曰："子罕非无宝也，所宝者异也。"

练口才

1.情景练习

运用上面的小魔法换一种方法说"不"，会有什么不一样的效果呢？

（1）（想一想，抄作业是不是自欺欺人的行为啊？借给同学作业让他抄，不仅不是帮助同学反而是在害他，那么应该怎样说呢？）

小磊：这道题我不会写，借我抄抄你的作业吧！

我：不！

小磊：真是小气，你还是不是我最好的朋友啦？！

换种方式说"不"：

我：＿＿＿＿＿＿＿＿＿＿＿＿＿＿＿＿＿＿＿＿。

（2）（你的好朋友乐乐来找你玩，看到了你的新玩具，他很喜欢，想要借走玩。可这是爸爸刚给你买的，你还没有玩呢，这时你该怎么拒绝呢？）

乐乐：你的玩具我想带回家玩玩，过两天就还给你，行吗？

我：不行，我还没玩呢！

换种方式说"不"：

我：_____。

（3）（美术课上，同桌小晨想借用你的绿色蜡笔，可是你正在为自己画的树叶上色。）

小晨：我的绿色蜡笔用完了，能借我一下吗？

我：不行，我还在用呢！

换种方式说"不"：

我：_____。

2. 学说绕口令《十八愁》。

数九寒天冷风嗖，转年春打六九头。正月十五是龙灯会，有一对狮子滚绣球。三月三王母娘娘蟠桃会，大闹天宫孙猴儿又把那个仙桃偷。五月端午是端阳日，白蛇许仙不到头。七月七传说本是一个天河配，牛郎织女泪交流。八月十五云遮月，月里的嫦娥犯忧愁。要说愁，净说愁，唱上一段绕口令儿，名字就叫十八愁。狼也愁，虎也愁，象也愁，鹿也愁，骡子也愁马也愁，猪也愁，狗也是愁，牛也愁，羊也愁，鸭子也愁鹅也愁，蛤蟆愁，螃蟹愁，蛤蜊愁，乌龟愁，鱼愁虾愁不一样，您听我个个说根由。虎愁不敢把这高山下，狼愁野心要滑头，象愁脸憨皮又厚，鹿愁长了一对七叉八叉大犄角。马愁鞴鞍行千里，骡子愁它是一世休。羊愁从小它把胡子长，牛愁愁的犯牛轴。狗愁改不了那净吃屎，猪愁离不开那臭水沟。鸭子愁扁了它的嘴，鹅愁脑瓜门儿上长了一个'锛儿喽'头。蛤蟆愁长了一身脓疱疥，螃蟹愁的净横搂。蛤蜊愁闭关自守，乌龟愁的胆小尽缩头，鱼愁离开水不能游，虾愁空枪乱扎没准头。

参 考 答 案

1.情景练习

（1）换种方式说"不"：

我：小磊，抄作业是自欺欺人。你有不会的题目，我可以给你讲，但绝不能抄作业。

（2）换种方式说"不"：

我：乐乐，这个玩具是我爸爸刚买的，我自己还没玩过呢。要不然这个周末，你来我家，我们一起玩。

（3）换种方式说"不"：

我：小晨，我正在涂色呢。等我画完了，就立马借给你。

第十八课

怎样给别人提意见？

唱儿歌

提意见，不容易，令人信服不反击。

晏子规劝齐国君，旁敲侧击来讲理。

齐王听了很满意，一下消了满肚气。

减少责备的话语，欲抑先扬要牢记。

讲故事

　　给别人提意见可是一门学问，由于提意见或要指出他人的不足，或要表达自己的不满，一不小心就容易说错话惹怒对方，让场面显得十分尴尬。那么应该如何给别人提意见呢？

　　家语妈妈先讲一个"晏子谏杀烛邹"的故事吧。

　　"谏"的意思是规劝国君，使他改正错误。晏子是齐国有名的大臣。他之所以要给国君提意见，是因为国君要杀掉一个叫烛邹的人，到底是怎么回事呢？

　　齐国的国君齐景公特别喜欢鸟。有一次，他得到了一只非常漂亮的鸟，就专门派烛邹负责养这只鸟。可是没过几天，这只鸟就飞走了。齐景公非常生气，觉得烛邹没有照顾好他的鸟，想要处死他。

　　这时候，晏子站了出来，诚恳地对齐景公说："大王请先息怒。烛邹有三大罪状，待臣下一一细数，也让他死得明明白白，心服口服。"

　　齐景公正愁找不到一个合理的借口杀人呢，就同意了。

　　晏子来到烛邹的跟前，义正言辞地说："烛邹，你犯下了三条不可饶恕的罪状。第一条，你为大王养鸟，却玩忽职守，让鸟飞了，这严重影响了大王的雅兴，是做臣子所不该的。第二条，你竟然让堂堂国君为了一只鸟去杀人，不明真相的百姓一定以为大王昏庸残暴。第三条，要是这件事传到别的国家，他们一定会笑话大王，认为我们的大王只看重鸟而不看重百姓，这势必有损大王的声誉。你犯下如此滔天大罪，真是万死难辞其咎！"说完，晏子故作生气地转过身，向齐景公请求道："请大王立刻杀了这个不忠不义之人，以泄臣的心头之愤。"

听了这一席话，齐景公明白了晏子的用意：这分明是在给我提意见啊，我可不能让百姓觉得我是个玩物丧志、滥杀好人的昏君啊，我得好好想想了。于是齐景公只好无奈地挥挥手说："罢了，寡人听从先生的教诲便是，让烛邹回去继续养鸟吧！"

学魔法

"晏子谏杀烛邹"是历史上有名的说服案例。不管是一国之君还是普通人，面对别人的批评，心里都会不舒服。想要提意见，就必须先学会一些技巧，快来学习故事中的小魔法吧。

第一招：强调彼此的共通点。

强调彼此的共通点，让对方感到你是真正站在他的立场、为他设身处地地考虑，这样对方更容易接受你的意见。晏子先指出烛邹有三大罪状，并说杀了烛邹以泄臣子的心头之愤。这话乍一听，完全是站在齐景公的立场嘛，但是人家晏子的本意并不是真的让齐景公杀了他，而是委婉地提醒他，杀了烛邹会影响大王的声誉。

咱们大胆设想一下，如果晏子不是站在齐景公的立场，而是直接批评齐景公"你真是个杀人不眨眼的昏君"，结局可能就完全不一样了，搞不好晏子和烛邹两个人都会被杀头呢。

一定要找准说话的立场，强调你和对方的共通点，表达出你站在他的立场、理解他的感受。比如同桌阿布想要抄你的英语作业，你要怎么告诉他这是不好的行为呢？试着告诉他："阿布，我知道你是着急放学去打篮球，我也特别喜欢打篮球，我能理解你。我之前抄过一次芳芳的作业，结果我跟她错的都一样，被老师罚写了十遍！你要是被发现了，可怎么跟老师解释啊？而且明天上课老师会提问的，你回答不上来的话，不就暴露了你作业不是自己写的吗？"

相信这样站在阿布的角度，动之以情、晓之以理，强调你们共同的经历，阿布一定能听进你的话，理解你的用心！

第二招：欲抑先扬，先褒后贬。

简单说，就是先说做的好的地方，再说做的不好的地方。给别人提意见，要先肯定成绩，然后再指出不足。这样一方面让对方感觉到自己还是被肯定的，另一方面得到称赞后也更乐于接受批评。

爸爸有一个缺点——不爱打扫卫生，尤其是他的书桌上总是一团糟。你和妈妈都很想委婉地给他提出意见。一天，爸爸穿了件新外套，你趁机夸他说："爸爸，今天你穿的这件衣服可真帅气！"爸爸听到你的夸奖后，肯定喜上眉梢。接着，你就可以说："这件衣服是挺好，但乱扔在沙发上可就会起褶子，不好看了。我和妈妈希望你能把家里的卫生，特别是书桌，处理得像你的衣服一样整洁。不乱放东西，我们就更喜欢你了。"这样，爸爸就能马上明白自己哪里做得不好了。

第三招：态度要友善，不要用责备的口气。

我们给别人提意见时，态度要友善。提意见不是为了责备别人，更不是为了吵架，而是为了纠正不正确的行为。我们一定要注意自己的语气，不要太严厉、太生硬。

在提意见的时候，把"你应该……"换成"如果……是不是更好呢"，这样和缓一点的语气会让人更乐于接受意见。

你和小东一起负责本周的黑板报，但他很敷衍地抄了一首诗在半面黑板上，就觉得完成任务了。你希望他更用心一点，是对他说"你应该认真点，这么凑合是不行的"，还是说"小东，如果我们把字体美化一下，再配一点背景图或者边框花纹，是不是看起来更美观呢"？相信聪明的你一定会选择后者吧！

总之，给他人提意见要态度友善，不要一副高高在上、对方必须听你话的样子。语气尽量温和，就会收到事半功倍的效果呀！

长知识

1. 历史人物小名片

齐景公，姜姓，吕氏，名杵臼。齐灵公之子，春秋时期齐国君主。

晏子，名婴，字仲。春秋时期齐国政治家、思想家、外交家。

2. 典故溯源

"晏子谏杀烛邹"的故事出自《晏子春秋》：

景公好弋，使烛邹主鸟而亡之。公怒，诏吏欲杀之。晏子曰："烛邹有罪三，请数之以其罪而杀之。"公曰："可。"于是召而数之公前，曰："烛邹！汝为吾君主鸟而亡之，是罪一也；使吾君以鸟之故杀人，是罪二也；使诸侯闻之，以吾君重鸟而轻士，是罪三也。"数烛邹罪已毕，请杀之。公曰："勿杀！寡人闻命矣。"

练口才

1. 情景练习

你是这周的卫生检查员，发现葫芦值日时没有把桌椅摆放整齐，你应该怎么说呢？

葫芦：我打扫好了，你检查吧。

我：哇，葫芦，你打扫得真干净，讲台也整理得很好。

葫芦：嘿嘿，谢谢！

我：不过，要是＿＿＿＿＿＿＿＿＿＿，就更好啦。

葫芦：好的，我下次一定记住！

2. 小朋友们，让我们一起练习下面两则绕口令吧！

（1）

威威伟伟和卫卫，拿着水杯去接水。

威威让伟伟，伟伟让卫卫，

卫卫让威威，没人先接水。

一二三，排好队，一个一个来接水。

（2）

马大妈的儿子是马大哈，马大哈的妈妈是马大妈。

马大妈让马大哈买麻花，马大哈给马大妈买西瓜。

马大妈叫马大哈割芝麻，马大哈给马大妈摘棉花。

马大妈告诉马大哈：以后不能再马大哈；

马大哈不改马大哈，马大妈就不要马大哈。

参 考 答 案

1. 情景练习

葫芦：我打扫好了，你检查吧。

我：哇，葫芦，你打扫得真干净，讲台也整理得很好。

葫芦：嘿嘿，谢谢！

我：不过，要是能把桌椅再摆得整齐点，就更好啦。

葫芦：好的，我下次一定记住！

第十九课

被人误解时，应如何表达？

唱儿歌

东晋王导二兄弟，造反败露被通缉。

恳请伯仁去求情，伯仁私下写书信。

王导误会不知情，导致伯仁丢了命。

被人误会不要急，及时解释去澄清。

讲故事

你们有过被别人误会的经历吗？有了误会而没有及时解释清楚，很有可能酿下大错。

家语妈妈先来讲一个"我不杀伯仁，伯仁因我而死"的历史小故事。我们看看故事中发生了什么误会，有什么结局。

东晋年间，王氏家族权倾朝野，王敦起兵作乱，有大臣就建议朝廷铲除王家，以绝后患。王敦的弟弟王导听说以后非常害怕，赶忙进京请罪，正好遇上好友伯仁进宫。

于是王导上前哀求伯仁："伯仁兄，看在咱们朋友一场的份儿上，请在皇帝面前多替我们说些好话，救救我们全家吧！"而伯仁好像没听见一样，昂首挺胸走进宫里。

过了好久，伯仁才出宫，一身酒气。还在宫门口等待的王导又走上前去拉住他，伯仁还是像没看见他似的，扬长而去。王导很伤心，觉得伯仁见死不救，心里不禁对伯仁暗生恨意。

不久，王敦叛乱得逞后，如愿以偿做了大官，把持朝政。

一天，王敦问弟弟王导："要不要给伯仁一个官做？"王导沉默不语。王敦又说："不做大官，给个小官，如何？"王导还是不语。

最后王敦说："既然伯仁不配做官，那就把他杀了吧。"王导还是没有说话。结果，在王导的默许下，伯仁被杀。

故事说到这，也许你以为结束了，可是转折出现了！有一天，王导翻看以前的文件，发现了伯仁当年为他求情的奏章。

原来，伯仁一直在极力维护他，只是没有在他面前表现出来而已。那天伯仁进宫，正是为了救王导去恳求皇帝。伯仁在皇帝面前为王导说尽了好话，皇帝才终于同意赦免王导全家。伯仁很高兴，在宫里喝了不少酒，以至于出宫时，已经有了些醉意。他回到家中，又连忙写了奏折，继续为王家求情。

此时的王导才知道，是自己一直误会伯仁，伯仁是自己的大恩人，却因为自己的误会而被杀。王导非常愧疚，难过地说："我不杀伯仁，伯仁却是因我而死啊。"

学魔法

故事中，王导正是因为和伯仁之间有了误会，才造成了这样的悲剧，实在令人感慨。

在日常交流中，我们也难免与人产生误会，那么面对误会应该怎样做呢？快来学习下面的小魔法吧。

第一招：把事情弄清楚再下结论。

如果故事中的王导当时能够追问到底，就不会误解伯仁，造成那样的悲剧了。这一点很重要，也很难做到。我们在面对误会，尤其是自己被别人误解的时候，往往会火冒三丈，急于反驳，什么理智都抛到九霄云外去了。这个时候，最容易因一时冲动犯下错误，所以一定要把事情弄清楚再下结论。

有一天，你不小心碰掉了同桌童童的笔袋，正好看到自己丢了好几天的笔出现在她的笔袋里，并且还有另外一支一模一样的和它放在一起。于是你等童童回来，就很生气地质问她："这不是我的笔吗？为什么你有两支一模一样的？你明知道我最喜欢这支笔的，你拿错了还不告诉我，你就是故意的！偷拿我的东西！"其实，童童知道你丢了最喜欢的笔很难过，特意新买了两支，打算一人一支，准备下午给你一个惊喜的……如果像这样不分青红皂白就怀疑别人、质问别人，很容易让朋友寒心。

因而，不妨在你发现童童的笔时，冷静地询问他："童童，抱歉我刚刚不小心碰掉了你的笔袋，看到你有两支一样的笔，好像其中一支跟我之前丢了的那支一样。我想问问是不是你不小心拿错了呢？"

这样冷静、清楚地表达你的想法，既可以问清事情的真相，又不至于误会别人、伤害感情。小朋友们，要记得控制情绪，问清楚真相再下结论啊！

第二招：学会及时地解释。

如果产生了误会，当面说清楚是最直接、最有效的方法。我们可以利用下面的句式来解释清楚："请别生气，听我给你解释一下……""事情不是你想的那样，其实……"

朋友小雪约你放学后去体育馆打羽毛球，你因为有社团活动拒绝了。可正当小雪和其他同学在体育馆打球的时候，又遇到了你，她很不高兴地说："你不是去社团了吗，怎么又和别人来体育馆了？你为什么要骗我？"这时，你要安抚好小雪的情绪，别让她对你的误会更大。你要及时对她说："小雪，你别生气，先听我解释嘛。我和摄影协会的同学过来抓拍大家的课余活动，就知道你在这才特意过来的。小雪美女，方不方便让我拍拍你呀？别生气啦，笑一个！"你的及时解释一定能让小雪一秒就"多云转晴"的！

第三招：解除误会可以"搬救兵"。

有的时候，两个人之间误会比较深，自己不好意思直接去跟对方讲清楚，或者自己想去讲清楚但对方拒绝给你机会。这个时候，我们就可以试试"搬救兵"了。

和好朋友闹了误会，你可以向两个人的共同好友求助，让他替你去解释清楚。这个人也就是你们的"和平使者"了。

小朋友自己也要学会做一个"和平使者"。爸爸妈妈之间有了误会，总是顾及自己的面子。这时，你就可以出面帮助他们消除误会，重归于好。比如妈妈误会爸爸忘记了结婚纪念日，对爸爸发脾气；爸爸觉得妈妈不信任他，也在生闷气。这时候，你要做好"和平使者"的工作，先了解爸爸的实际情况：爸爸提前买了礼物，但碰巧快递在运输途中耽搁了。然后再去做妈妈的思想工作，安抚好妈妈："其实爸爸早就定制了礼物，爸爸很爱你。只是礼物还没送到，在路上耽误了。妈妈都不给爸爸解释的机会，爸爸也很委屈的！爸爸妈妈快都别生气了，我们一起去吃火锅吧！"你可以牵着妈妈的手去找爸爸，一家三口手牵手，心连心，其乐融融。这一切都多亏了你这个温暖的"和平使者"呀！

长知识

1. 历史人物小名片

王导，字茂弘，东晋时期政治家、书法家。历仕晋元帝、明帝和成帝三朝，是东晋政权的奠基人之一。

2. 典故溯源

"我不杀伯仁，伯仁因我而死"的故事出自《晋书》：

初，敦之举兵也，刘隗劝帝尽除诸王，司空导率群从诣阙请罪，值顗（字伯仁）将入，导呼顗谓曰："伯仁，以百口累卿！"顗直入不顾。既见帝，言导忠诚，申救甚至，帝纳其言。顗喜饮酒，致醉而出。导犹在门，又呼顗。顗不与言，顾左右曰："今年杀诸贼奴，取金印如斗大系肘。"既出，又上表明导，言甚切至。导不知救己，而甚衔之。敦既得志，问导曰："周顗、戴若思南北之望，当登三司，无所疑也。"导不答。又曰："若不三司，便应令仆邪？"又不答。敦曰："若不尔，正当诛尔。"导又无言。导后料检中书故事，见顗表救己，殷勤款至。导执表流涕，悲不自胜，告其诸子曰："吾虽不杀伯仁，伯仁由我而死。幽冥之中，负此良友！"

练口才

1. 情景练习

请你试着运用刚才学习的小魔法，帮助葫芦同学解除妈妈的误会吧。

（课后，老师给同学们布置了一项学习任务，那就是上网查资料——查查大熊猫的生活习性，找到资料后把它写下来。葫芦回到家，刚刚打开电脑，妈妈就回来了。她看见葫芦打开了电脑，以为他在玩游戏，顿时沉下脸来。）

妈妈：你不好好写作业，只知道玩电脑。电脑太"好"了，你学也别上了，天天玩电脑吧！

葫芦：_____，今天老师布置作业让查找大熊猫的生活习性，我是在查资料啊。

妈妈：什么课需要查资料，马上就期末了，怎么还会布置这种作业啊？

葫芦：妈妈，如果你不信的话，_____，她说的话你总该信吧。

2. 小朋友们，让我们一起练习下面的绕口令吧！

妈妈骑马，马慢妈妈骂马；

妞妞轰牛，牛拗妞妞拧牛；

舅舅捉鸠，鸠飞舅舅揪鸠；

姥姥喝酪，酪落姥姥捞酪。

参 考 答 案

1. 情景练习

妈妈：你不好好写作业，只知道玩电脑。电脑太"好"了，你学也别上了，天天玩电脑吧！

葫芦：<u>妈妈，我不是在玩电脑，今天老师布置作业让查找大熊猫的生活习性，我是在查资料啊。</u>

妈妈：什么课需要查资料，马上就期末了，怎么还会布置这种作业啊？

葫芦：妈妈，如果你不信的话，<u>请你给我们老师打电话，她说的话你总该信吧。</u>

第二十课

如何要回自己的东西？

秦王想要和氏璧，十五座城去交易。

赵王担心怕被欺，相如自荐欲前去。

拜见秦王献美玉，发现果然是骗局。

以死相逼有骨气，斥责秦国无诚意。

悄悄送回和氏璧，秦王暗自生闷气。

自己东西拿回去，完璧归赵要学习。

讲故事

小朋友们，你们有没有过把东西借给别人，对方忘记还或者故意不还的经历呀？有些小朋友总觉得主动向别人要回东西怪难为情的，但不要回来，自己又很亏！这可怎么办呢？

家语妈妈先来给大家讲一个"完璧归赵"的故事，我们看一看蔺相如是怎样做的吧！

战国时期，赵国的国王得到了一块稀世宝玉，叫作和氏璧。秦国的国王听说了，想把宝贝据为己有，于是写信给赵王说："秦国愿以十五座城池和赵国交换和氏璧。"

全天下谁都知道秦王是个不好惹的狠角色，赵王担心受骗，白白丢了和氏璧；但又不敢说不答应，怕得罪秦国。正急得焦头烂额的时候，故事的主角——聪明勇敢的蔺相如登场了！

蔺相如自告奋勇，带着和氏璧，面见秦王。秦王一见到玉，高兴得不得了，简直双眼放光，爱不释手！一边看一边称赞，却压根儿不提换城的事。

蔺相如心想，这秦王果然丝毫没有交换的意思，就是想生生霸占了和氏璧啊！于是聪明的蔺相如开始了他的"表演"，他一本正经地上前说道："大王，这玉虽然是稀世珍宝，可是仍然有些瑕疵，让我指给您看吧！"

秦王果然信以为真，便把和氏璧递给了蔺相如。

蔺相如接过和氏璧后，马上后退了几步，背靠着柱子，气愤地说："大王只顾赏玉，根本不提换城的事。有瑕疵的不是玉，而是大王的诚信！既然你不仁，就别怪我不义，我要拿回和氏璧！如果你硬抢的话，我就和玉一起撞碎到柱子上！你什么也得不到！"说着，举起和氏璧就要砸。

秦王急了，怕蔺相如真摔坏了宝玉，赶忙笑着说："你先别生气，我这就叫人把地图拿来，划出十五座城池给赵国。这样你可以放心了吧！"

蔺相如心想：这秦王经常耍鬼把戏，没准儿又是什么圈套，可不能再上他的当。于是他脑筋一动，又想到了一个好办法，一脸严肃地说："和氏璧是天下公认的宝物，我送它到秦国前，我们赵王为它斋戒了五天。如果大王有诚意换取和氏璧，您也应该斋戒五天。五天后，再办一个献宝玉的典礼。到那时，我再把宝玉奉上。"秦王见状，知道自己占不了便宜，只好同意了。

蔺相如回到住处以后，立即让随从抄小路偷偷赶回赵国，把和氏璧交给了赵王。

过了五天，秦王果真以隆重的礼节接待蔺相如。当他得知和氏璧已被送走时，气急败坏，恨不得当场杀了蔺相如。

蔺相如却毫不畏惧，镇静地说："大王，是您没有诚意交换宝玉。秦国强，赵国弱，大王只要先把十五座城池割让给赵国，玉立刻就送过来。我知道欺骗大王应当受罚，请您赐我死罪吧，只希望大王和各位大臣能够从长计议！"

秦王自知理亏，心想：如今杀了蔺相如，也得不到和氏璧，反而破坏了秦赵两国的交情，还是算了吧。秦王虽然生气，但也拿他没办法，只好以礼相待，送他平安返回赵国。

这就是"完璧归赵"的故事。蔺相如凭借着智慧和勇气，在强大的秦王面前，成功保护了和氏璧，维护了国家的财产安全和尊严，值得我们学习。

学魔法

小朋友，你能不能像蔺相如那样勇敢地捍卫属于自己的东西呢？虽然我们面对的不是像秦王那样贪婪狡诈的人，但是也要有勇气捍卫自己的东西，快来学习下面的小魔法吧！

第一招：捍卫主权，态度坚定。

故事里，蔺相如没有害怕高高在上、手腕强硬的秦王，他想尽办法，让和氏璧完整无缺地回到赵国。大家也要像蔺相如一样，牢牢记住：拿回属于自己的东西是正确的事，就像一个国家的领土、主权神圣不可侵犯一样，我们每个人的财产也是不可侵犯的。物归原主是天经地义的事情，比如你的跳绳借给了隔壁班的石头，他已经借走好几天了也没还。那么你要主动提醒他："石头，我的跳绳你借了很久了，我明天体育课要用，请还给我。"一定不要害羞，更不要害怕，理直气壮地去做这件事。

第二招：有理有据，以理服人。

克服了心理的障碍，接下来就是行动了。不管你面对的是同龄人，如同学、朋友，还是比你强大的对手，比如不良商家、机构，你都要据理力争，不卑不亢。

你和妈妈在餐馆吃完饭付账时，妈妈手机遗落在前台。当你们回来再找时，前台工作人员却说没看到。这时你一定要有理有据地告诉工作人员："首先，我的家人在贵店丢了财物，贵店有义务协助我们找回。再者，前台一定是在监控范围内的，贵店理应出示相关监控录像。如果贵店不愿配合，我们就会报警来维护自己的权益。"这样，对方就不能再胡搅蛮缠，而是按规矩办事，你的合法权益就能得到维护。

第三招：以柔克刚，保证安全。

以柔克刚就是用柔和巧妙的方式去解决难题。在"完璧归赵"的故事里，蔺相如想出的办法是告诉秦王和氏璧有一点小毛病，这样秦王就乖乖地把和氏璧给了蔺相如。

我们在遇到问题的时候，也要开动脑筋。有时候，小朋友们单独在外面买东西或者用餐，可能会由于年龄小、阅历少而被一些不良商家"坑"。这时候，大家一定不要硬碰硬，而是要巧妙地借用外力，以柔克刚，同时保证自身安全。

你在一家小超市买了钢笔，付款后却发现钢笔已经掉了漆，于是你要求店主退还买钢笔的钱。店主却以"货物售出，概不退换"为由拒绝了，这时候要怎么办呢？你要大喊大叫或嚎啕大哭吗？当然不是！这很可能激怒对方，引起肢体冲突。你要做的是收集证据，比如保存好小票，在店内就将掉了漆的钢笔拍照，等等。然后寻求其他力量的支持，比如以"非诚信经营"为理由向警察叔叔求助；或者告知爸爸妈妈，由家长出面解决。

这样既能巧妙地要回属于自己的东西，捍卫合法权益，又能规避风险，保证自己的安全。

长知识

1.历史人物小名片

蔺相如，战国时期赵国上卿，著名的政治家、外交家。

2.典故溯源

"完璧归赵"的故事出自《史记》：

王曰："谁可使者？"相如曰："王必无人，臣愿奉璧往使。城入赵而璧留秦；城不入，臣请完璧归赵。"赵王于是遂遣相如奉璧西入秦。

秦王坐章台见相如。相如奉璧奏秦王。秦王大喜，传以示美人及左右，左右皆呼万岁。相如视秦王无意偿赵城，乃前曰："璧有瑕，请指示王。"王授璧。相如因持璧却立，倚柱，怒发上冲冠，谓秦王曰："大王欲得璧，使人发书至赵王，赵王悉召群臣议，皆曰：'秦贪，负其强，以空言求璧，偿城恐不可得。'议不欲予秦璧。臣以为布衣之交尚不相欺，况大国乎？且以一璧之故逆强秦之欢，不可。于是赵王乃斋戒五日，使臣奉璧，拜送书于庭。何者？严大国之威以修敬也。今臣至，大王见臣列观，礼节甚倨，得璧，传之美人，以戏弄臣。臣观大王无意偿赵王城邑，故臣复取璧。大王必欲急臣，臣头今与璧俱碎于柱矣！"

相如持其璧睨柱，欲以击柱。秦王恐其破璧，乃辞谢固请，召有司案图，指从此以往十五都予赵。

相如度秦王特以诈佯为予赵城，实不可得，乃谓秦王曰："和氏璧，天下所共传宝也。赵王恐，不敢不献。赵王送璧时斋戒五日。今大王亦宜斋戒五日，设九宾于廷，臣乃敢上璧。"秦王度之，终不可强夺，遂许斋五日，舍相如广成传。

相如度秦王虽斋，决负约不偿城，乃使其从者衣褐，怀其璧，从径道亡，归璧于赵。

3.成语释义

完璧归赵：本指蔺相如将和氏璧完好地从秦国带回赵国，后比喻把物品完好地归还给物品的主人。

例句：通过大家的努力，我们终于找到了钱包的主人。钱包里的东西一样不少，可算是完璧归赵！

近义词：物归原主

反义词：据为己有

练口才

1.情景练习

（1）你把雨伞借给乐乐，可是几天过去了，你提醒他带过

166

来，他依然没有带，你该怎么做呢？

　　我：乐乐，_____。

　　乐乐：哎呀，我又忘了带嘛，我又不会不还你。

　　我：乐乐，我是上个星期一借给你的，这都星期四了。

_____，可是你每次都说忘带，你觉得这样对吗？

　　乐乐：哎呀，只是一把雨伞嘛，你那么小气干吗！

　　我：乐乐，星期一那天下雨，你家离得远，所以我把伞借给了你。我回家的时候都淋湿了，你觉得我是小气的人吗？这把伞是我的，_____，你用完了却迟迟不还，这不是不讲信用吗？你这样做，以后我再也不想帮助你，也不想和你这样的人做朋友了！

　　乐乐：对不起，是我错了，请你原谅我。我明天就带过来。

　　（2）大壮拿走了你的漫画书，你去找他要，他却不给你。

　　我：大壮，我得回家了，漫画书能还给我了吗？

　　大壮：我正看着呢！

　　我：我要回家了，要不然，_____？

　　大壮：不行，我现在就要看完！

　　我：你说只是在课间看一下的啊！请你还给我。

　　大壮：就不还，你说是你的就是你的吗？

　　我：大壮，你真是不讲理！这当然是我的书，_____

_____。如果你再这样蛮不讲理，我只好请老师来了！

大壮：还给你就是了。

2. 小朋友们，要想说话更加洪亮、有底气，可以经常练练气息。大家一起来数枣，一口气数的枣越多越好！

出东门，过大桥，大桥底下一树枣。

拿着杆子去打枣，青的多，红的少。

一个枣两个枣三个枣四个枣五个枣六个枣七个枣八个枣九个枣十个枣……

3. 试试说下面的绕口令。只要你循序渐进，不断练习，就可以一次比一次说得多。

一个勺儿，两个勺儿，三个勺儿，四个勺儿，

五个勺儿，六个勺儿，七个勺儿，八个勺儿，

九个勺儿，十个勺儿，九个勺儿，八个勺儿，

七个勺儿，六个勺儿，五个勺儿，四个勺儿，

三个勺儿，两个勺儿，一个勺儿。

一口气说完才算好。

参 考 答 案

1. 情景练习

（1）我：乐乐，我的雨伞你该还给我了吧。

乐乐：哎呀，我又忘了带嘛，我又不会不还你。

我：乐乐，我是上个星期一借给你的，这都星期四了。我都提醒你好几次了，可是你每次都说忘带，你觉得这样对吗？

乐乐：哎呀，只是一把雨伞嘛，你那么小气干吗！

我：乐乐，星期一那天下雨，你家离得远，所以我把伞借给了你。我回家的时候都淋湿了，你觉得我是小气的人吗？这把伞是我的，我借给你用是为了不让你淋湿，你用完了却迟迟不还，这不是不讲信用吗？你这样做，以后我再也不想帮助你，也不想和你这样的人做朋友了！

乐乐：对不起，是我错了，请你原谅我。我明天就带过来。

（2）我：大壮，我得回家了，漫画书能还给我了吗？

大壮：我正看着呢！

我：我要回家了，要不然，明天我再带过来给你看？

大壮：不行，我现在就要看完！

我：你说只是在课间看一下的啊！请你还给我。

大壮：就不还，你说是你的就是你的吗？

我：大壮，你真是不讲理！这当然是我的书，大家都知道是我借给你看的。如果你再这样蛮不讲理，我只好请老师来了！

大壮：还给你就是了。

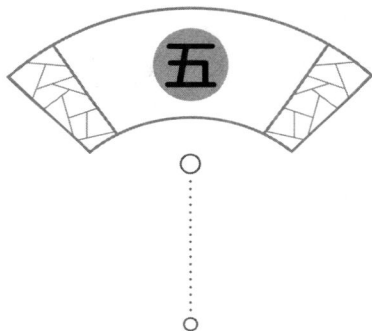

五

巧解矛盾

化干戈为玉帛才是真的好口才

第二十一课

怎样道歉才真诚？

做错事，对不起。

用诚心，表歉意。

改错误，付行动。

将相和，明事理。

讲故事

人非圣贤，孰能无过？每个人都会犯错，可是做错了事情，怎样道歉才能得到对方的原谅呢？

下面家语妈妈来讲一个"将相和"的故事。"将"是大将军，"相"是宰相，一文一武都是国家最重要的人物。这两个人要是发生矛盾了，不搅得朝堂不得安宁嘛！我们来看看他们是怎么解决矛盾的吧！

战国时期，有七个大国——秦、齐、楚、燕、韩、赵、魏，历史上称为"战国七雄"。这七国当中，数秦国最强大，可是秦国却常常欺负赵国。

"完璧归赵"的故事，前面家语妈妈给大家讲过，里面的主角蔺相如凭着机智勇敢，给赵国争得了不少面子。赵王很喜欢他，就让他做了赵国的上卿。

可是赵国有个大将叫廉颇，心里很不服气。他想：小小的蔺相如，有什么了不起的才能，不就仗着两片嘴皮子，能说会道嘛。不过是个假把式！要不是我带兵打仗，为赵国征战沙场、拼死拼活，赵国能够太平吗？哼！他蔺相如现在当了上卿，地位竟然比我还高，他配吗？

廉颇越想越不服气，怒气冲冲地对人说："我要是碰着蔺相如，一定要当面给他点儿难堪。"

不久，这话就传到了蔺相如的耳朵里，他并没有跟廉颇一般见识，而是处处躲着廉颇，尽量不和廉颇见面。

有一次，蔺相如坐着马车到外面去，远远看到廉颇骑在马上，连忙叫车夫调转车头，生怕撞见廉颇。蔺相如的门客气得要命，很不解地问："大人，我们投奔您，就是看中您的气节。如今廉颇这么嚣张，分明就是在欺负人嘛。您怎么见着他像老鼠见了猫似的？您的地位明明不比他低，干吗要怕他啊？您再这样，我们就要投奔他处了。"

蔺相如笑着摇了摇头，说："你们以为我怕廉颇将军吗？你们说廉将军和秦王相比，谁更厉害呢？"

"当然是秦王厉害啦。"

"秦王那么厉害，我都不怕，还怕廉将军吗？"

门客更不理解了，就问："那您为什么见他就躲，不和他理论理论呢？"

蔺相如淡然地说："现在秦国不敢来打赵国，就是因为我和廉将军同心协力辅佐赵王。如果我和廉将军闹不和，秦国就要趁机来打咱们赵国了。所以，我让着廉将军不是因为怕他。还有，你们以后遇到将军府的人，要让着他们，不要惹他们。"

后来，这些话传到了廉颇的耳朵里，他越想越为自己的小肚鸡肠感到羞愧：没想到蔺相如心胸这么宽广，处处都从国家大局考虑，是我做得太过分了，我得向他认错去。

于是廉颇脱了上衣，光着膀子，背上一根荆条，带着手下的人就到蔺相如府上去了。

蔺相如听说廉颇来了，急忙到门口迎接。走到门口一看，大将军廉颇正光着膀子跪在台阶上。

蔺相如愣住了："大将军，您这是何意啊？"

廉颇说："哎呀，我是负荆请罪来了，我不应该心胸这么狭隘，您就用这荆条打我一顿吧。今后，您就是我的老师啦！"

蔺相如连忙扶起他，帮他解下荆条，诚恳地说："廉将军，快快请起，这是干什么啊！我们共同为国家出力，我怎么会怪您呢？"

廉颇听了非常感动。从此，他们成了非常好的朋友，共同辅佐赵王，秦国也不敢轻易攻打赵国了。

学魔法

这就是"负荆请罪"的故事，廉颇用自己的真诚获得了蔺相如的谅解，也就有了"将相和"的佳话。

下面家语妈妈就教你三个道歉的小妙招，让你学会恰当的道歉方式。

第一招：承认错误。

这一点很重要，很多小朋友都是心里知道错了，但是又"嘴硬"，不肯承认自己的错误，觉得低头认错很没面子。其实承担起责任，勇于承认错误，才是真正勇敢的表现。

有一天，你独自在家，打开抽屉拿出妈妈的玉镯玩。一不小心，玉镯掉在地上，打碎了。怎么办？等妈妈回来，一定不要隐瞒，要真诚地对妈妈说："妈妈，对不起，我看到镯子很漂亮，想拿出来玩。结果不小心打碎了，我错了……"能诚实地说出这句话就成功地迈出了第一步。

第二招：明确错处。

当你认错的时候，如果说出"好好好，都是我的错""我做什么都不对"这样的话，是不是不仅不能缓和关系，反而更容易激怒对方？原因就在于认错过于笼统，会让对方觉得你十分敷衍、不够真诚。

你可以看着对方的眼睛，诚恳地说出自己做的不好的地方。除了发自内心地说句"对不起，我错了"，如果还能具体说出自己错在哪里，或者犯错的原因，那就更能展现道歉的诚意了。

假如你能说："妈妈，对不起，我错了。我不应该乱发脾气，还把书扔了一地，我向您道歉。"这样就比只说一句"我错了"更有诚意。

第三招：解决问题。

通过前两招，我们已经营造了一种积极的氛围。接下来就到了一个关键步骤，寻找解决方案，使问题得到解决。

故事里，廉颇认识到自己的错误后，不仅有决心改正错误，而且付出了行动。他为了表达自己的歉意，脱了上衣，背着荆条到蔺相如家登门请罪，希望通过这种方式让蔺相如原谅自己，化解和蔺相如之间的矛盾。

当你犯了错误，如果能够想出具体的补救办法，那对方十有八九会原谅你。假如因为你的疏忽，忘记了值日，导致班级扣了分，那么你可以主动向老师和同学们道歉："由于我贪玩忘记值日，让我们班丢了流动红旗，我很自责。我自愿承担未来两个星期的班级值日工作，多为大家做贡献，来弥补自己的过错。"

如果向朋友、父母道歉，不妨制作一张小卡片，或者送一份小礼物来表达自己真诚的歉意。相信你一定会得到谅解的！

长知识

1. 历史人物小名片

廉颇，嬴姓，字洪野，战国时期赵国名将，与白起、王翦、李牧并称"战国四大名将"。

2. 典故溯源

"负荆请罪"的故事出自《史记》：

廉颇闻之，肉袒负荆，因宾客至蔺相如门谢罪。

3. 成语释义

负荆请罪：表示主动向对方承认错误，请求责罚。

例句：妈妈，昨天发火是我的不对，我今天"负荆请罪"，有什么家务活儿你都交给我吧！

近义词：登门谢罪

反义词：不思悔改

练口才

1. 情景练习

乐乐把漫画书借给你看，可是你不小心撕坏了一页，该怎么向乐乐道歉呢？别忘了用上刚刚学过的三个小魔法啊。

我：乐乐，_____，我看书的时候，不小心把你的书撕坏了一页。

乐乐：啊？这可是我刚买的漫画书，我自己还没看完呢！

我：对不起，_____，我实在不应该。

乐乐：唉……

（第二天）

我：乐乐，我把你一直想看的漫画书带来了，给你赔罪；我还带了透明胶布，_____，你看这样行吗？

乐乐：嗯，好的，我们一起把它粘好吧。

2. 下面咱们当一回小导游，带大家一起逛逛北京吧！

各位先生，各位女士，我叫_____，是中国国际旅行社的导游，今天我们要参观游览的是我们中华人民共和国的首都——北京。下面请听我向诸位做个介绍：北京有天安门、地安门、和平门、宣武门、东便门、西便门、东直门、西直门、广安门、复兴门、阜成门、德盛门、安定门、朝阳门、建国门、崇文门、广渠门、永定门。主要繁华商业区有：天桥、珠市口、前门大栅栏、王府井、东单、西单、东四、西四、鼓楼前。如果您想上哪，请向我提出，我都可以带路。还有那北海、颐和园、天坛、动物园、陶然亭、紫竹院、中山公园、文化宫、香山碧云寺、西山八大处。看看周口店的古猿人、十三陵的地下宫殿、长城八达岭、密云大水库、故宫博物院。再看看雍和宫、白塔寺、清真寺、大钟寺。瞧瞧世界上最大的钟，净重42.5吨。您看那边，所有罗汉都有位置，唯独济公没地方待，在屋梁上趴着的罗汉堂。

参 考 答 案

1. 情景练习

我：乐乐，真的太抱歉了，我看书的时候，不小心把你的书撕坏了一页。

乐乐：啊？这可是我刚买的漫画书，我自己还没看完呢！

我：对不起，都是看书的时候不小心，我实在不应该。

乐乐：唉……

我：乐乐，我把你一直想看的漫画书带来了，给你赔罪；我还带了透明胶布，我保证粘好，一点也不影响你看，你看这样行吗？

乐乐：嗯，好的，我们一起把它粘好吧。

第二十二课

有哪些劝解冲突的小技巧？

唱儿歌

争一争，行不通。

较劲斗气只为墙，

何必与人论短长。

让一让，六尺巷。

小巷虽然只六尺，

包容和谐巷内藏。

讲故事

如果你的小伙伴们之间发生了矛盾或者家里有人吵架，该怎样去劝解，让他们握手言和呢？

家语妈妈给大家讲一个"礼让三分，巷宽六尺"的故事吧，我们看看从中可以学到什么小窍门！

故事的主人公叫张英，是个品德高尚、孝顺父母、受人尊敬的大学者。

有一次，在朝廷任大学士的张英回乡看望母亲时，发现母亲住的房子有点破旧，就命令下人准备扩建房屋。安排妥当之后，张英就回京城了。

他家的邻居也打算扩建房屋，并想利用两家中间的一块地方。碰巧的是，张家也想用那块地方。于是为了中间这块空地归谁用的问题，两家较上了劲儿。

张家开始挖地基时，邻居家就派人在后面用土填上；邻居家拿尺子去量那块地，张家就一哄而上把工具夺走。两家争吵多次，互不相让。张英的母亲一怒之下就给在京城的张英写了封信，想找当官的儿子回来帮自己出口气。

张英看完来信，不急也不躁，拿起笔就写下一首短诗："一纸书来只为墙，让他三尺又何妨？长城万里今犹在，不见当年秦始皇。"

母亲看完信后恍然大悟：大家都是街坊邻居，何必为了三尺地，既伤了两家的和气，又气坏了自己的身体，实在是不值得。于是张家人立即主动把墙退后了三尺远。邻居知道以后，感到十分惭愧，也把墙退后了三尺，并且登门道歉。

这样一来，双方争夺的小地方，由于每家都让出了三尺的距离，反而成了一条六尺宽的巷子！当地人把这件事传为美谈，并且给这条巷子命名为"六尺巷"。这条巷子一直保留到今天，伴随它的还有一首打油诗：

"争一争，行不通；让一让，六尺巷。"

如果小朋友们和爸爸妈妈去安徽省桐城市旅游的话，不妨自己到这六尺巷去走一走，看一看呀！

学魔法

故事中张英劝解矛盾的方法值得我们借鉴。当小伙伴之间吵架的时候，该怎么做才能让他们停止争吵，重新和好呢？下面的三个小魔法能助你成为"金牌调解员"，帮他们握手言和。

第一招：要公正。

在劝架之前，一定要先认真了解事情的缘由，劝解时要言语公正，不要因为关系的亲疏远近有所偏向。

在故事中，主人公张英是当时的大学士，那可是皇上面前的红人儿。他原本可以利用手中的权力让邻居退让三尺，毕竟大多数人都会偏向自己亲近的人。虽然和邻居争夺土地的是自己的家人，但是张英却做出了礼让的决定。

作为劝解冲突的小"法官"，你要公正、公平。比如姥姥买了一盆花之后，贪小便宜非让老板再送一株花。老板不愿意，双方便起了争执。这时，你作为旁观者，要分清是非，帮理不帮亲。你要主动对姥姥说："姥姥，我们买的这盆花已经很便宜了。你要是也喜欢这株小花，我们再付钱另买，好不好？"这样去调解，花店老板一定会被你的公正打动，主动结束这场争执。

第二招：诚恳地给出解决矛盾的建议。

当看到两位小伙伴吵架的时候，不仅要给他们评评理，让双方认识到自己的错误，还要诚恳地给出建议，帮助他们解决矛盾。

故事中，张英为了避免两家的冲突，做起自家人的思想工作：邻里之间要相互谦让，让出三尺给对方又不是什么大损失。正是这样的解决方案感动了邻居，这才有了"六尺巷"的佳话。

我们在劝说别人的时候，一定要提出合理的解决方案。课间，同学东东弄坏了小峰的羽毛球拍，影响到小峰下午的体育课。你作为"金牌调解员"，首要的是帮助他们解决问题。你可以对东东说："东东，小峰下午体育课要用到球拍，你先去帮他借一支拍子应急。回头你再赔给小峰一支，好不好？"这样既能解决眼下的问题，又能使小峰得到应有的补偿，你这个调解员真是发挥大作用啦！

第三招：学会换位思考，鼓励双方互相道歉。

"换位思考"就是设身处地从别人的角度去体会并理解别人。发生争端的两方往往都是只站在自己的角度想问题，而忽视了对方的感受。

劝解冲突的最后一步就是提醒双方换位思考。遇到问题多为别人想想，这样也能反省自己做得不对的地方，互相说一声"抱歉"。前面说的那个场景，你也可以继续对小峰说："小峰，看在东东真诚道歉的份儿上，你是不是也应该向他道歉呢？你刚刚一着急，推了东东一把，是不是也不对呀？"

互相道歉，体谅对方的难处，这样的处理方式让冲突的双方都不会很难堪，都有台阶下。不仅能和平地解决问题，没准儿还能增进情谊呢！

长知识

1. 历史人物小名片

张英，字敦复，号乐圃。清朝大臣，名相张廷玉之父。

2. 文化常识

六尺巷位于安徽省桐城市的西南一隅，全长100米，宽2米，建成于清朝康熙年间，巷道两端立石牌坊，牌坊上刻着"礼让"二字。

练口才

1. 情景练习

（1）爸爸妈妈需要你评理的时候。

妈妈：宝贝，假如爸爸和妈妈吵架了，你会向着爸爸还是向着妈妈呢？

我：妈妈，我可不希望你们吵架。万一你们吵架了，＿＿＿＿＿

＿＿＿＿＿＿＿＿＿＿＿＿＿＿＿＿＿＿＿＿＿＿＿＿＿！

（2）你的好朋友小茹和瑶瑶为了一本书争吵了起来。

我：小茹、瑶瑶，不要争了！你看，书都被你们撕破了。这样谁都不能看了。

小茹：我先拿到的，我先看！

瑶瑶：我先拿到的，我先看！

我：你们这样，吵到晚上也吵不出结果。不如这样吧，

＿＿＿＿＿＿＿＿＿＿＿＿＿＿，或者＿＿＿＿＿＿＿＿＿＿＿＿＿，

大家一起来听。

小茹：那我来讲……

（3）你和好朋友佳佳、若楠约好一起郊游，约定的时间到了，若楠还没有出现。

若楠：对不起，我来晚了！

佳佳：我们一直在等你，你怎么这么不守时啊？浪费大家的时间！

若楠：我也不是故意的啊！我家里有点事。为了赶过来，我连早饭都没吃！

佳佳：那是因为你没有安排好时间，和别人约好，说到就要做到！

我：你们俩别吵了。若楠，你迟到了，＿＿＿＿＿＿＿＿＿，

所以佳佳才会生气；可是，佳佳，若楠肯定不是故意迟到的，

_____。我们要互相理解，理解万岁啊！

佳佳、若楠：嗯，理解万岁！

2. 小朋友们，让我们一起练习下面的绕口令吧!

（1）

"似乎"念"似乎"，"似的"念"似的"；

不能把"似乎"念成"是乎"，

也不能把"似的"念成"四的"。

似懂非懂，读错别字，像白字先生似的。

（2）

任命是任命，

人名是人名，

任命人名不能错，

错了人名错任命。

参 考 答 案

1.情景练习

（1）妈妈：宝贝，假如爸爸和妈妈吵架了，你会向着爸爸还是向着妈妈呢？

我：妈妈，我可不希望你们吵架。万一你们吵架了，我一定公平对待，谁犯了错，谁就应该承认错误，主动道歉！

（2）我：小茹、瑶瑶，不要争了！你看，书都被你们撕破了。这样谁都不能看了。

小茹：我先拿到的，我先看！

瑶瑶：我先拿到的，我先看！

我：你们这样，吵到晚上也吵不出结果。不如这样吧，你们两个轮流看，或者其中一个人来讲，大家一起来听。

小茹：那我来讲……

（3）若楠：对不起，我来晚了！

佳佳：我们一直在等你，你怎么这么不守时啊？浪费大家的时间！

若楠：我也不是故意的啊！我家里有点事。为了赶过来，我连早饭都没吃！

佳佳：那是因为你没有安排好时间，和别人约好，说到就要做到！

我：你们俩别吵了。若楠，你迟到了，让大家都等着你，所以佳佳才会生气；可是，佳佳，若楠肯定不是故意迟到的，她肯定是有事情耽误了。我们要互相理解，理解万岁啊！

佳佳、若楠：嗯，理解万岁！

第二十三课

别人给自己取外号怎么办？

唱儿歌

晏子使楚，遭人羞辱。

讽刺诋毁，真是可恶。

晏子机智，没生失误。

面对绰号，不要愤怒。

淡定应对，不失风度。

讲故事

在学校里，总有那么几个同学喜欢给别人起外号，也不管对方喜不喜欢。如果遇到别人给自己起外号，而且是难听的外号，你该怎么办呢？

下面家语妈妈就给大家讲一个"晏子使楚"的故事，我们看看聪明的晏子是怎么回击的吧！

在两千多年前的齐国，有个人又瘦又小，看起来手无缚鸡之力。然而他始终腰板儿挺直，而且学识渊博。他就是齐国的外交官——晏子。

有一次，齐王派他出使楚国，楚王听说晏子来了，就想羞辱他。于是楚王派人在城墙边上开了一个小洞，意思是你这么矮，没必要走高大的正门，直接从这个洞钻过去就是了。这事儿要是一般人肯定气"炸"了，但是晏子没有理会，他镇定地说："哎呀，这个洞好像是狗洞啊，出使狗国才钻狗洞。现在我出使的是楚国，难道楚国是狗国吗？"晏子一句话就让那些使坏的人自取其辱，最后只得让晏子从城门进去了。

在楚国的宫殿里，楚王又开始挑事儿了，楚王上下打量了晏子，脸上露出轻蔑的笑容："难道齐国没人了吗？竟然派你来做使臣。"

晏子一脸淡定地说："大王，您有所不知啊，齐国人太多了。光是齐国的首都就有好几千户人家，人们把衣袖举起来，可以遮住太阳，挥洒汗水就像下雨一样。"

楚王问："既然如此，为什么偏偏派你呢？"

晏子不慌不忙地说："我们齐国派大使出访很讲究，精明能干的人就会派到道德高尚的国家，愚蠢无能的人就派遣他到不成器的国家。因为我是最愚蠢无能的人，所以就被派到了你们楚国。"

楚王被气得哑口无言，甩甩袖子走开了。

楚王没占到晏子的便宜，一直耿耿于怀。这时，他手下的一个大臣出了个坏主意。于是楚王又把晏子请来喝酒，酒过三巡，一名侍卫带着个人故意从大殿门前经过，楚王大声问道："等等，外面是什么人？为何被绑了起来？"

侍卫回答："大王，他是齐国人，在楚国犯了偷窃罪。请大王发落！"

其实，这个人是大臣安排好的。楚王转身，掩饰不住得意的神色，对晏子说："难道齐国人很擅长偷鸡摸狗吗？"

晏子笑了笑，恭敬地答道："大王一定知道，淮南的橘树移植到淮河以北就变为枳树。它们只有叶子的形状长得像，果实的味道却不同。同样的道理，不同的水土养育不同的人。齐国人在齐国不偷不抢，安居乐业，来到楚国就偷鸡摸狗，难道是楚国的水土使百姓善于偷盗吗？"

楚王尴尬地笑笑，没有再为难晏子，他从心里开始佩服这位身材矮小、貌不惊人的贤者。

学魔法

晏子在面对楚王的嘲笑时，三言两语巧妙化解尴尬，让本想中伤他的人自取其辱，这是多么绝妙的语言艺术啊！如果在学校里有人故意嘲笑你、给你起侮辱性的外号，应该怎样反击呢？快来学习下面的小魔法吧。

第一招：借力打力巧反击。

晏子在面对楚王的无礼时，没有急于反驳对方的说法，而是恭敬地起身，用合乎礼节的行为应对楚王的无礼。然后又说了个故事，点出"楚国的环境使百姓容易偷窃"。这是用楚王的逻辑来反击楚王，以牙还牙，让企图羞辱他的人搬起石头砸了自己的脚。

话说有一天，德国大诗人歌德在公园里散步，正巧在一条狭窄的小路上碰见一位反对他的批评家。那位傲慢无礼的批评家对歌德说："你知道吗，我这个人是从来不给傻瓜让路的。"歌德没有发火，而是笑着回答说："是嘛，而我却恰恰相反。"说完闪身让路，让批评家过去。歌德的反唇相讥，让无礼的批评家瞬间变成了真正的傻瓜。

有一次，一位外国记者想要刁难篮球运动员姚明。这位记者在众目睽睽之下问姚明："为何中国十几亿人里，找不出五个能打好篮球的？"面对这种恶意的挑衅式提问，姚明没有愤怒。他面带微笑地回答道："美国三亿人，怎么找不出一个打乒乓球好的运动员？"此时记者尴尬至极，现场一片笑声。

和聪明的晏子一样，这就是借力打力巧反击。不仅不被对方的套路困住，反而能趁机让对方陷入自己的套路。

第二招：用绰号激励自己。

你的弱点和缺陷有可能会成为同学们给你起绰号的原因，这时你可以用绰号来激励自己。同学们叫你"爱哭包"，你就应该反思自己是不是真的有点太爱哭了，可以趁机改掉爱哭的毛病。如果你能改掉这个毛病，那同学们自然也就不会再叫了。

当然，那种拿别人身体缺陷开玩笑的绰号是不能容忍的。比如同学给你起外号叫"猪八戒"或者"矮冬瓜"，如果伤害到了你的自尊，就绝不能让步。你可以说："我不喜欢这个绰号，我有我自己的名字，请你不要再这么叫我了。"如果对方拒不悔改，必要时要请老师、父母帮忙调节，不要自己一个人去承受他人的言语暴力。要相信，你很好、很优秀，你不应该被任何人嘲笑！

第三招：欣然接受促友谊。

当然，有些可爱、文雅的绰号是好朋友对你的昵称，没有什么恶意，只是表达了你们之间一种亲密的感情。对于同学的这种"爱称"，不要太往心里去，应理解并大度地一笑了之。比如你的名字里有"竹"字，同学们就用谐音叫你"猪猪"。这时，你可以开玩笑地说："叫我'猪猪'可以，但得是'掌上明珠'的'珠'，'珠圆玉润'的'珠'！"

一个幽默的、不含攻击性的绰号，可以拉近你和同学之间的距离，相信聪明的你一定会辩证地看待呀！

长知识

1. 典故溯源

"晏子使楚"的故事出自《晏子春秋》：

楚人以晏子短，为小门于大门之侧而延晏子。晏子不入，曰："使狗国者，从狗门入。今臣使楚，不当从此门入。"傧者更道从大门入，见楚王。王曰："齐无人耶？使子为使。"晏子对曰："齐之临淄三百闾，张袂成阴，挥汗成雨，比肩继踵而在，何为无人？"王曰："然则何为使子？"晏子对曰："齐命使，各有所主。其贤者使使贤主，不肖者使使不肖主。婴最不肖，故宜使楚矣。"

2. 成语释义

南橘北枳：意思是南方的橘树移植到淮河之北就会变成枳树。比喻同一物种由于环境条件不同而发生变异或变质。

例句：一种新理念到了中国，如果不符合中国的实际情况，无疑是"南橘北枳"，达不到应有的效果。

练口才

1. 情景练习

（1）科学馆里，昊博嘲笑你和佳佳。

昊博：你们可真笨，连霸王龙都不认识！

我：嗯，我是不太懂恐龙，听说你最喜欢研究这些，是个"恐龙专家"呢，_____？

佳佳：他在嘲笑我们，你怎么还要向他请教啊！

我：佳佳，我们确实不认识霸王龙，不过我觉得比起嘲笑同学，昊博更愿意做个帮助别人的人吧。

昊博：……唔，我不该嘲笑你们。我早就来过，请让我带领你们参观吧！

（2）小磊和小明是同学，可小磊是个不懂得尊重别人的人，让我们一起帮助小明有力地反击吧！

小磊：你们看，小明个子那么矮，真是个"小矬子"！

小明：你没听过一句话吗？浓缩的都是精华。_____，这些名人个子都不高，能量却很大，他们都成了人们心中的偶像啊。

小磊：那又怎么样，你又不是名人！

小明：我虽然不是名人，可是_____。像你这样不懂得尊重人的人，_____！

2. 小朋友们，让我们一起练习下面的绕口令吧！

同同和多多，打鼓又敲锣。

同同打铜鼓，多多敲铜锣，

同同打鼓"咚咚"响，

多多"咚咚"敲着锣。

参 考 答 案

1.情景练习

（1）昊博：你们可真笨，连霸王龙都不认识！

我：嗯，我是不太懂恐龙，听说你最喜欢研究这些，是个"恐龙专家"呢，我们要多请教你，你能不能给我们讲讲啊？

佳佳：他在嘲笑我们，你怎么还要向他请教啊！

我：佳佳，我们确实不认识霸王龙，不过我觉得比起嘲笑同学，昊博更愿意做个帮助别人的人吧。

昊博：……唔，我不该嘲笑你们。我早就来过，请让我带领你们参观吧！

（2）小磊：你们看，小明个子那么矮，真是个"小矬子"！

小明：你没听过一句话吗？浓缩的都是精华。你看邓亚萍、卓别林，这些名人个子都不高，能量却很大，他们都成了人们心中的偶像啊。

小磊：那又怎么样，你又不是名人！

小明：我虽然不是名人，可是我有自信和勇气，我更懂得尊重别人。像你这样不懂得尊重人的人，永远不会获得别人的尊重！

第二十四课

如何回击别人的无理言行？

唱儿歌

陈太丘，约朋友，正午时分要出游。

友人迟到太丘走，面对元方找借口。

小元方，不害羞，有理有据对如流。

朋友羞愧低下头，元方机智真优秀！

讲故事

生活中，我们难免遇到一些蛮横、不讲道理的人。面对这样的情况，硬碰硬肯定不行，那么我们应该怎样处理呢？

家语妈妈知道有这样一位勇敢机智的小朋友，在面对别人的无理言行时，运用语言的武器，给了对方有力的回击。让我们一起来读读他的故事吧！

古代有一个叫陈寔的人，因为当过太丘长，所以大家称他为陈太丘。有一天，他与朋友相约正午时分一起出行，正午指的是中午十二点。可是时间都过了，客人还没有来，陈太丘只好先离开了。

不久，客人到了，看到陈太丘的儿子元方在门外玩耍，就走过去问元方："你父亲在家吗？"

"父亲等了您很久，您没有来，他已经先走了。"元方回答说。

陈太丘的朋友很生气，当着元方的面大声说："真不是个君子啊！与别人相约出行，却丢下别人，自己走了。"

七岁的元方听了这话不仅没被吓哭，反而像个小大人似的，有理有据地反问他："您和我父亲约定在正午出行，可您没有按时到，这不是不讲信用吗？现在又对着儿子骂他的父亲，这不是没有礼貌吗？"

这位朋友听了，顿时哑口无言，十分惭愧。

学魔法

这是我们初中语文课本中的一则文言小故事，小小年纪的元方虽话不多，但句句在理，对方只能低头认错。那么这个故事里蕴藏了怎样的语言魔法呢？我们一起来学习吧。

第一招：辨析是非，找准立场。

先冷静下来，看看自己有没有做错的地方。如果是自己有错在先，就真诚地道个歉。如果对方是开玩笑的话，你也应该一笑了之。如果对方是恶意中伤，你要郑重警告他或者反唇相讥。一定要控制好自己的情绪，不能胡乱发火，更不能讲脏话。否则可能激化矛盾，把事情变得更糟，最后把自己也变成和对方一样没风度、不讲道理的人。

你和青青一起负责今天走廊的卫生值日，你擦窗台，她扫地。结果班级走廊卫生不合格被扣了分，青青到老师那里告状，说你没有认真擦窗台。这时你要怎么办呢？在老师面前和青青大吵大闹吗？首先要做的是明是非、辨对错，你可以到负责卫生评比的老师那里，有礼貌地询问："请问我们班是什么原因扣了分呢？"得知是走廊地面有垃圾导致扣分后，你可以做出判断：是青青在故意诬陷你。那么你要对老师说出真相："老师，我和青青一起负责走廊的卫生，我们是有明确分工的，我负责擦窗台。卫生老师说是地面有垃圾才扣了分，因此主要原因并不在我身上。但作为当天的值日生，我也有一定的责任，希望您能公正处理。"对于青青恶人先告状的行为，你要勇敢地对她说："请你向我道歉，没有任何证据就到老师那里诬陷我，这种行为是不对的！"

遇到他人的言语攻击，不要急于反驳，辨析是非后找准定位，才能腰杆挺得直、说话有力量。

第二招：摆事实，讲道理。

面对父亲朋友的无理埋怨，小小年纪的元方一条条地把对方的不当行为罗列出来，做到有理有据，条理清晰。其实这就是对无理行为最有力的反击，因为事实胜于雄辩啊。

我们常说的"以理服人"就是这个道理，面对对方的无理，发火可不是解决问题的办法。一次小组活动中，有同学拒绝完成分配的任务，你是小组长，该怎么办呢？这个时候，最佳的处理方法就是在所有人面前和他讲道理，你可以说："小组活动是大家齐心协力才能完成的，作为组员，每个人都有责任做出自己的贡献。如果大家都这样懒散，那么我们小组肯定会成为表现最差的那一个。"这样把道理讲清楚，让对方无话可说，再加上集体的压力，他很快就会认识到自己的错误了。

第三招：反问，让回击掷地有声。

在回击中，反问的句式更能引发对方的反思，这种扣人心扉的方式能让对方感到惭愧。对比下面两句话："你不应该乱扔垃圾，这是不文明的行为"和"你怎么能随地扔垃圾呢？难道这是一个少先队员该做的吗"。相比起来，第二句话的语气是不是更加强烈？因而，反问句在回击时是很有力度的。

长知识

1. 历史人物小名片

元方，即陈纪，字元方，陈寔长子。与父亲陈寔、弟弟陈湛在当时并称为"三君"。

2. 典故溯源

元方的故事出自《世说新语》：

陈太丘与友期行，期日中。过中不至，太丘舍去，去后乃至。元方时年七岁，门外戏。客问元方："尊君在不？"答曰："待君久不至，已去。"友人便怒曰："非人哉！与人期行，相委而去。"元方曰："君与家君期日中，日中不至，则是无信；对子骂父，则是无礼。"友人惭，下车引之。元方入门不顾。

练口才

1. 情景练习

（1）童童和小茹在课间排队玩滑梯，这个时候鹏鹏来插队，并且玩了好多次。

童童：鹏鹏，滑梯是_____，你不可以_____。而且我和小茹_____，你不排队，这是_____，我们大家都不愿意和你做朋友了。

小茹：就是，大家都排队，只有你_____，我们不想和你玩了。

鹏鹏：对不起，是我错了。

（2）乐乐在值日的时候，发现丁丁随手乱扔垃圾，便走上前去制止。

乐乐：丁丁，教室刚刚打扫干净，你怎么就乱丢垃圾啊？

丁丁：没事，反正还会有人扫的嘛。

乐乐：你怎么能这么想啊！教室的卫生需要我们大家一起维护。要是我们所有人都像你这样，_____？要是别人往你刚打扫干净的地方扔垃圾，你_____？你现在乱扔垃圾，不养成好习惯，_____？要是你……

丁丁：啊，别念啦别念啦，我错了。我这就捡起来。

2. 小朋友们，让我们一起练习下面的绕口令吧！

（1）

四个孩子上菜市，提着四个小篮子。

买了四个西红柿，路上拾把小石子。

回到家里吃柿子，吃完柿子玩石子。

（2）

学好声韵辨四声，阴阳上去要分明。

部位方法须找准，开齐合撮属口型。

双唇班报必百波，舌尖当地斗点丁；

舌根高狗工耕故，舌尖积结教坚精；

翘舌主争真知照，平舌资则早在增；

擦音发翻飞分复，送气查柴产彻称；

合口呼午枯胡古，开口河坡歌安争；

撮口虚学寻徐剧，齐齿衣优摇业英；

前鼻恩因烟弯稳，后鼻昂迎中拥生。

咬紧字头归字尾，不难达到纯和清。

参 考 答 案

1. 情景练习

（1）童童：鹏鹏，滑梯是公共设施，你不可以一个人霸占。而且我和小茹都排了很久的队，你不排队，这是不文明、不讲道理的行为，我们大家都不愿意和你做朋友了。

小茹：就是，大家都排队，只有你不遵守秩序，我们不想和你玩了。

鹏鹏：对不起，是我错了。

（2）乐乐：丁丁，教室刚刚打扫干净，你怎么就乱丢垃圾啊？

丁丁：没事，反正还会有人扫的嘛。

乐乐：你怎么能这么想啊！教室的卫生需要我们大家一起维护。要是我们所有人都像你这样，那教室的环境会成什么样啊？要是别人往你刚打扫干净的地方扔垃圾，你不难受吗？你现在乱扔垃圾，不养成好习惯，你以后会受大家欢迎吗？要是你……

丁丁：啊，别念啦别念啦，我错了。我这就捡起来。

第二十五课

当听到别人在背后议论你时，你该怎么做？

洛阳才子名富弼，遇人来打小报告。

听之大度不理会，不为议论生烦恼。

面对诽谤不困扰，摆脱俗事任逍遥。

讲故事

我们都希望得到他人积极肯定的评价，可是由于某些原因，别人会在背地里偷偷议论你，甚至说你的坏话。面对这样的情况，我们该怎么办呢？

家语妈妈先来讲一个故事，我们看看历史上鼎鼎有名的大人物是如何处理这种情况的吧。

宋朝时，有一位很厉害的宰相，名字叫作富弼。富弼在年轻的时候就非常有才华，人称"洛阳才子"。

有一天，他在大街上走着，有人走过来，悄悄跟他说："富弼，有人在背后骂你呢。"

富弼听了，一点都不介意，笑呵呵地说："别人怎么会无缘无故地骂我呢？恐怕骂的是别人吧。"

这个人又说："怎么可能骂的是别人呢？我都听见了，是叫着你的名字骂的，我绝对没有听错。"

富弼停了下来，想了想说："那一定是有人跟我同名同姓。不管别人骂谁，我又不会少什么东西，由他去吧！"

一般人听到有人骂自己肯定会非常生气，说不定还要找上门去与其理论，而富弼明明知道别人在骂自己，却一点也不在乎。这其实是在为自己摆脱困扰，化解烦恼。那位骂富弼的人听说这件事后非常惭愧，赶紧找到富弼，向他道歉。

这个故事被人们概括为"诟如不闻"，意思是说被人辱骂却好像没有听见一样，不动声色，用来形容像富弼一样宽宏大量、有涵养的人。

学魔法

富弼处理问题的方式值得我们借鉴，这中间藏着什么小魔法呢？我们一起来学习吧。

第一招：保持自我。

富弼心里清楚有人在背后骂自己，可他的选择是坦然地接受。因为他知道那个骂他的人只是因为不了解他，或者是两人之间有什么误会，所以上火也没什么用，倒不如假装糊涂，不给自己添烦恼。

校园生活中，可能有人在背后说你不亲近同学、太高冷，有人说你故意讨好老师、软骨头，也可能有人说你只顾自己学习、不帮同学、自私自利，这些都是常有的流言蜚语。面对这些，你要告诉自己："没有谁能做到让所有人都喜欢，哪怕我再努力，也一定会有人觉得不合心意。我不需要讨好别人，我就是我！嘴巴是别人的，人生是我自己的！'清者自清'，我要保持自我！"

第二招：反省自己。

有一句古话说得好："静坐常思自己过，闲谈莫论他人非。"听到有人议论自己，一方面，我们不能为了解气反过来去议论他；另一方面，我们也要试着反省自己。

这和上一招"保持自我"并不矛盾，如果自己确实有什么地方做得不对，那就尽力去改正。如果认真反思后发现别人的话并非事实，那么就付之一笑，不再理会。这就是"有则改之，无则加勉"嘛。

当然，如果有机会，能够和对方当面解释清楚，也是很好的处理方式。"化干戈为玉帛"，解除误会，说不定还会"不打不相识"，收获一个朋友呢！

同桌小光跟其他同学讲你的坏话，说你是"小霸王"。那么你要想一想，为什么你会给小光留下这样的印象呢？是不是和你经常不先询问就擅自用他的笔，还弄坏了他的文具盒却没道歉等事情有关？经过反思，你决定当面和小光沟通，对他说："小光，对不起，是我平时做事情时太粗心大意，没有顾及你的感受，让你觉得我很霸道。以后我一定会多注意，也请你多提醒我，帮我改正缺点。"

传言有时就像一面镜子，可以反映出一定的问题。因此适度地进行反思、修正自我，可以帮助我们成为更好的人。

第三招：以德报怨。

如果知道有人在背后议论你、说你的坏话，你气不过也对别人说他的坏话，那你不也成了和他一样背后嚼舌根的人了吗？这时候如果你能够以德报怨，以宽宏大量的态度处理这件事，可能会有截然不同的结果。

班上成绩很好的小梦到处跟其他同学说你的好成绩是考试作弊得来的。有的同学便来告知你，替你打抱不平。这时，你千万不能意气用事地说:"我看她的成绩才是抄出来的!"而是要心平气和地对同学说:"小梦一定不会有意这样说的,可能她对我有什么误解。平时她对大家都很友善,也经常给有疑问的同学讲题,我很佩服她,也很尊重她。"面对诋毁,你的这种回应不仅可以在同学中树立起宽容大度的形象,而且这番话传到小梦的耳朵里,她也一定会为自己的言行感到羞愧,不再恶意造谣,发自内心地尊重你。

长知识

1. 历史人物小名片

富弼,字彦国,北宋名相、文学家。任枢密副使时,与范仲淹等共同推行庆历新政。

2. 典故溯源

"诟如不闻"的故事出自《步里客谈》:

富文忠公少,日有诟之者,如不闻。或问之,曰:"恐骂他人"。曰:"斥公名曰富某"。曰:"天下安知无同姓名者?"

练口才

1. 情景练习

(1)晓彤听到好朋友笑笑和苗苗在背后议论自己,她该怎么办呢?

笑笑:苗苗,你知道吗?前几天,我看见她从滑梯上摔下来，立刻就哭了，简直太娇气了。

苗苗：就是，就是。笑笑，你知道吗？上次，我们和她玩捉迷藏，她输了，就光知道哭。

晓彤：笑笑，苗苗，我刚才听到你们说我了，＿＿＿＿＿＿＿＿＿
＿＿＿＿＿＿＿，以后我会努力改正，请你们一起来帮助我，好吗？

笑笑、苗苗：晓彤，对不起，＿＿＿＿＿＿＿＿＿。以后我们互相帮助！

（2）晨晨在你面前说别人的坏话，你该怎么办呢？

晨晨：昨天，在我们班的故事大赛上，丫丫可出丑了，她上去就摔了一个跟头，讲故事还老磕磕巴巴的，笑死人啦！

我：晨晨，我觉得＿＿＿＿＿＿＿＿＿＿＿＿＿＿＿＿，我们不应该背后议论别人。她能够勇敢地上台讲故事，已经很厉害了。如果别人在背后这样说你，＿＿＿＿＿＿＿＿＿＿＿＿＿＿＿？

2. 一起练习下面的绕口令吧！

七加一、七减一，

加完减完等于几？

七加一、七减一，

加完减完还是七。

参 考 答 案

1.情景练习

（1）笑笑：苗苗，你知道吗？前几天，我看见她从滑梯上摔下来，立刻就哭了，简直太娇气了。

苗苗：就是，就是。笑笑，你知道吗？上次，我们和她玩捉迷藏，她输了，就光知道哭。

晓彤：笑笑，苗苗，我刚才听到你们说我了，我觉得我自己不应该那么爱哭，以后我会努力改正，请你们一起来帮助我，好吗？

笑笑、苗苗：晓彤，对不起，我们不该背后议论你。以后我们互相帮助！

（2）晨晨：昨天，在我们班的故事大赛上，丫丫可出丑了，她上去就摔了一个跟头，讲故事还老磕磕巴巴的，笑死人啦！

我：晨晨，我觉得丫丫勇于锻炼自己，我很佩服她，我们不应该背后议论别人。她能够勇敢地上台讲故事，已经很厉害了。如果别人在背后这样说你，你是不是会很难受啊？

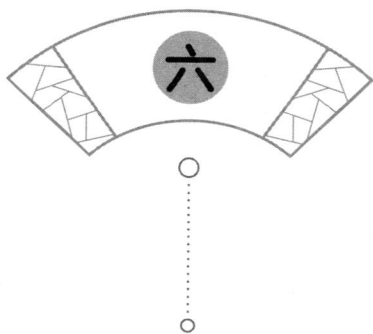

六

智慧表达

妙语连珠，让你一开口就出彩

第二十六课

小聪明与大智慧的区别是什么？

　　杨修爱耍小聪明，巧破谜语与人听。

　　一合酥，分点心，论鸡肋，动军心。

　　曹操一见生了气，斩首杨修不留情。

　　要有人生大智慧，不要自己小聪明。

讲故事

同样是口才好，有的人能得到重用，有的人却可能惹人厌恶。归根结底还是情商的差异，是要小聪明还是要大智慧呢？先来听家语妈妈讲一个杨修的故事吧！

话说三国时期，有人从塞北回来，给曹操带了一盒点心，曹操在盒子上写了三个字——一合酥，就出去了。"合"就是今天"合肥"的"合"，相当于盒子的意思。大家都不明白这三个字是什么意思。曹操手下有一位叫杨修的官员，走过来看了一眼，二话不说打开就给大家分着吃了。

等曹操从外面回来，一看大家在吃他自己都舍不得吃的点心，就问到底是怎么回事。

杨修说："丞相，你这盒子上分明写着一人一口酥，我这不是在执行你的命令嘛！"曹操虽然面带微笑，可心里却记下了一笔账，杨修的自以为是让曹操很讨厌。

后来，曹操进军汉中与刘备决一死战，刘备守着险要地势就是不出来迎战，曹操率领大军进退两难。这天夜里，部下向曹操请示军中守夜的口令，曹操脱口而出："鸡肋。"

杨修听到了，立即擅作主张，命令部队收拾行装。大家围上来问原因，杨修又自以为是地说："鸡肋这东西食之无味，弃之可惜。说明主公是打算回家了。"曹操知道后，忍无可忍，终于找借口杀了杨修。

学魔法

故事中的杨修由于耍小聪明，给自己招来杀身之祸，我们能从中获得什么启发呢？

其实杨修的智力远在众人之上，但是他恃才傲物，说话不注意分寸。俗语讲："话到嘴边留三分。"这"三分"可能恰恰是"小聪明"与"大智慧"的分界点。

那么怎么才能在恰当的时机说合适的话呢？下面的三个小魔法可以帮助你掌握说话的分寸。

第一招：先学会听，再学会说。

我们中国人说话有不少微妙之处，比如话中话、话外音、潜台词……俗话说的"听话听音儿，锣鼓听声儿"就是这个意思。

说话前先要学会听话。有时候，不注意听别人说的话，就会产生本来可以避免的冲突。

东东画了一幅画，请班上的"绘画大牛"木木帮忙指点一下，木木很认真地说："如果石头上点上一些青苔，会更逼真一些，效果会更好。"东东没把木木的话当回事，顺口就说："现在效果就挺好，我觉得不用更好了！"其实木木是在委婉地给东东提建议，认为他画的石头不太好。但是东东根本没听出来木木话里的意思，还自以为画得很好而沾沾自喜。

小朋友们千万不要像东东一样，要仔细品味对方的言外之意，特别是当对方提建议的时候。如果听到"我认为你最好如何如何""如何如何会更好"，这类话其实是对你现在状态的委婉批评，一定要多加注意。要记住，先学会听，再学会说！

第二招：说话不能自以为是。

杨修就是太骄傲了，觉得自己什么都懂，才屡次触犯曹操，以至于丢了自己的性命。

中国有句古语——言多必失——说的正是人们夸夸其谈的时候是最容易犯错误的。对于自己不知道或者不了解的，更要慎言。

有一次，我在教家语读唐诗《白雪歌送武判官归京》，这首诗有几句是这样写的：

北风卷地白草折，胡天八月即飞雪。

忽如一夜春风来，千树万树梨花开。

当我们读到"忽如一夜春风来，千树万树梨花开"时，我就问家语这是什么意思。家语张口就说："不就是说春天里梨花开了，雪白雪白的吗？"然而家语完全理解错了。这两句说的是夜里下了一场大雪，雪花挂满树枝，就像雪白的梨花一样。当然，古人的生活体验离小学生太远，小学生无法理解也是情有可原，但也不能马马虎虎地蒙混过去。通过这件事，家语也明白了，以后说话的时候一定要注意，不要乱说自己不知道的事，不要认为自己想的、做的就都是对的，自以为是会闹笑话的。

第三招：不要不合时宜地"抖机灵"。

两军交战的危急时刻，一招不慎就可能导致满盘皆输。这时，曹操还没有发号施令呢，杨修就借"鸡肋"二字发挥，擅自做主。显然这种不合时宜的"抖机灵"遭到了曹操的厌恶，杨修也因此送命。

有时候，"抖机灵"有调节气氛的积极作用，但在某些严肃的场合，卖弄聪明是情商低、不尊重人的表现。小谭病重住院，同学们一起来看望他，大部分同学说："你别怕，一定会很快好起来的。""小谭加油，我们等你回来。"但偏偏小雷想起来电视剧里常有的一句台词，就笑嘻嘻地对小谭说："死有什么大不了，十八年后，你又是一条好汉！"气氛一下子就紧张了！小雷只顾"抖机灵"，说了句武侠剧的经典台词，还以为自己很酷，但其实在得了重病的人面前，最忌讳说这种话。

大家可千万不要学他，说话一定要分清对象和情境，尤其不能拿国家大事、法律法规、生命健康等开玩笑。不合时宜地"抖机灵"，后果可能会很严重。

长知识

1. 历史人物小名片

曹操，魏武帝，字孟德。东汉末年杰出的政治家、军事家、文学家、书法家。

杨修，字德祖，东汉文学家。

2. 典故溯源

杨修的故事选自《三国演义》：

操屯兵日久，欲要进兵，又被马超拒守；欲收兵回，又恐被蜀兵耻笑：心中犹豫不决。适庖官进鸡汤。操见碗中有鸡肋，因而有感于怀。正沉吟间，夏侯惇入帐，禀请夜间口号。操随口曰："鸡肋！鸡肋！"惇传令众官，都称"鸡肋"。行军主簿杨修，见传"鸡肋"二字，便教随行军士，各收拾行装，准备归程。有人报知夏侯惇。惇大惊，遂请杨修至帐中问曰："公何收拾行装？"修曰："以今夜号令，便知魏王不日将退兵归也：鸡肋者，食之无肉，弃之有味。今进不能胜，退恐人笑，在此无益，不如早归：来日魏王必班师矣。故先收拾行装，免得临行慌乱。"夏侯惇曰："公真知魏王肺腑也！"遂亦收拾行装。于是寨中诸将，无不准备归计。当夜曹操心乱，不能稳睡，遂手提钢斧，绕寨私行。只见夏侯惇寨内军士，各准备行装。操大惊，急回帐召惇问其故。惇曰："主簿杨德祖先知大王欲归之意。"操唤杨修问之，修以鸡肋之意对。操大怒曰："汝怎敢造言，乱我军心！"喝刀斧手推出斩之，将首级号令于辕门外。

3. 成语释义

自以为是：认为自己的观点和做法都正确，不接受他人意见。

例句：自以为是的人总是听不进去别人的意见，也容易错失很多进步的机会。

近义词：夜郎自大

反义词：虚怀若谷

练口才

1. 情景练习

下面的谈话中有几个小朋友可能没有把握好说话的分寸，请你指出是谁，并选择合适的小魔法帮助他们改正过来吧！

（1）葫芦：少华，你喜欢看《哈利·波特》这套书吗？

少华：喜欢呀，《哈利·波特》充满了魔幻与冒险。

葫芦：对，我也喜欢，昨天刚看了一本……

方方：哎，你们在说什么呀？我也喜欢看动画片呀……《樱桃小丸子》里面的小丸子说话太可爱了……

葫芦：这位同学，你根本不知道我们在聊什么。你如果喜欢听，就安静地听，不要乱插话好不好！

需要改正的小朋友是：_____

你选择的魔法是：_____。

（2）少华：这次数学考试，你感觉怎么样？

葫芦：这还用说嘛，这次数学考试，我肯定又是全班第一名。数学可是我的强项，不用复习，我也能考A！

少华：葫芦，你真厉害！

老师：葫芦，老师得找你谈谈了。你最近有点骄傲，平时上课也不认真听讲了，你看看这次才得了B。

需要改正的小朋友是：_____

你选择的魔法是：_____。

2. 有趣的"打电话"游戏可以帮助孩子们集中注意力，听全别人的话。

第一个人在第二个人的耳边迅速小声地说一句话，第二个人把自己听到的话再小声说给第三个人听，以此类推，直到全家人都传一遍。最后一个人大声说出自己听到的话，看看和原话一样不一样。

3. 一起来练习下面的绕口令吧！

　　　　史老师讲时事，石老师读报纸，

　　　　史老师时常讲时事，

　　　　石老师时常读报纸，

　　　　时时学时事，时时读报纸，

　　　　提高境界长知识。

参 考 答 案

1. 情景练习

（1）需要改正的小朋友是：方方

你选择的魔法是：先学会听，再学会说。

（2）需要改正的小朋友是：葫芦

你选择的魔法是：说话不能自以为是。

第二十七课

如何学会运用比喻的修辞手法？

唱儿歌

曹植与曹丕，本是两兄弟。

曹丕做皇帝，反目伤和气。

曹植七步诗，巧妙喻豆萁。

感动兄长泣，全凭巧比喻。

讲故事

在我们的生活中，经常会用到比喻。赞美男孩子眉眼帅气，会说他"剑眉星目"；夸奖女孩子身材好，会说她"杨柳细腰"；再比如火红、雪白、笔直，这些都是比喻。

比喻会使我们的语言更加生动形象。在与人交流时，巧用比喻，也更容易让人听懂道理，增加说服力。

下面家语妈妈讲个曹植"七步成诗"的故事，我们看看他怎样在语言中加入比喻的修辞手法，写就了千古传颂的名篇。

曹植和曹丕是亲兄弟，他们都是魏武帝曹操的儿子。曹操去世之后，曹丕做了皇帝，但是他非常忌惮弟弟曹植，总想着除掉曹植，永绝后患。

有一次，曹丕故意找碴儿，要求曹植在七步之内作出一首诗，否则就杀了曹植。

曹植知道这是哥哥的阴谋，目的就是想要了自己的命。于是他一边踱步一边思考，很快作出了一首诗，诗是这样写的：

煮豆持作羹，漉菽以为汁。萁在釜下燃，豆在釜中泣。本自同根生，相煎何太急？

这首诗的意思就是：烧煮豆子拿来做豆羹，过滤豆渣做成豆汁。豆萁在锅下燃烧，豆子在锅里哭泣。豆萁和豆子本是从同一条根上生长出来的，豆萁何必这么急迫地煎熬豆子呢？

在这首诗里，曹植充分运用了比喻的手法：咱们俩本来是亲兄弟，从小一起长大，血浓于水，可现在你却像燃烧着的豆萁，我就像锅里要被煮熟的豆子。我们不是亲兄弟吗？为什么你这么逼迫我，一定得要了我的命呢？

曹丕听完之后，非常惭愧，于是放弃了杀弟弟的念头。

而"本自同根生，相煎何太急"，由于比喻的精妙，千百年来，每当人们劝诫兄弟间不要因为争夺利益而自相残杀时，都会用到这两句诗。

学魔法

比喻是一种修辞手法，能在写作中为内容增光添彩。在日常生活中巧用比喻，不仅能显示出我们的智慧，还能在我们与他人的沟通交流中产生意想不到的效果。快来学习下面的小魔法吧。

第一招：练就一双会观察的眼睛。

学会仔细观察生活中的事物，找到相似点，这样运用的比喻才形象生动。刚才这首诗，曹植就是把处在生死边缘的自己比喻成了锅里快要煮熟的豆子，是不是很形象啊？

有一次，家语和同学想要一起去游泳，约好在一家商场门口碰头。可是到了约定的时间都不见同学来，家语非常着急。我就顺势告诉她，一会儿等你同学来了，你可以告诉她你等待时的焦急心情，就像"热锅上的蚂蚁"。你看，蚂蚁四处乱爬的样子，是不是和你左等右等、急得转圈很相像呢？家语听了，忍不住笑了起来。

通过比喻，既诙谐幽默，又能表达你的心情。只要你善于发现事物之间的相似点，将二者联系起来，就能达到这样神奇的效果。

第二招：比喻要贴切和恰当。

只有使用贴切和恰当的比喻才能准确表达出你的想法。如果我们用了一些不恰当的比喻，不仅不会起到好的效果，还会让人家笑话，甚至会侮辱到别人。

有的小朋友说："我的爸爸勤勤恳恳，就像一只勤劳的小蜜蜂，也像一头耕地的黄牛。"可是有的小朋友却说："我的爸爸非常勤劳，像一只忙着偷粮食的老鼠一样。"这就不合适了。为什么呢？尽管老鼠偷粮食偷得也很"勤快"，但是它干的是坏事，是我们非常讨厌的一种行为，不能用来比喻爸爸的勤劳，爸爸听了也会不高兴的。

第三招：多积累巧妙的比喻。

语言是靠积累不断丰富的，像曹植这样七步成诗的才华一定是他从小刻苦读书的结果。没有人生来就能够出口成章、妙语连珠。我们平时读到了精妙的诗句、谚语、歇后语，不妨记一记，这些能够为我们的语言增色不少呢！

小朋友们熟知的《古朗月行》中，"小时不识月，呼作白玉盘。又疑瑶台镜，飞在青云端"就是把月亮比喻成白色的盘子和瑶台的镜子。如果你把这两个比喻记在小脑瓜里，那么当你在中秋佳节和家人一起赏月时，就可以说："月亮是皎洁明亮的，就像是白玉做的盘子，又像仙人用的镜子，真是太美了！"大家一定会夸你是个小文人，赞叹你的文采的。

长知识

1. 历史人物小名片

曹植，字子建，三国时期著名文学家。其代表作有《洛神赋》《白马篇》《七哀诗》等，与曹操、曹丕合称为"三曹"。

曹丕，字子桓，即魏文帝，魏武帝曹操次子。曹丕于诗、赋、文学皆有成就，尤擅长于五言诗，著有《典论·论文》。

2. 典故溯源

"七步成诗"的故事出自《世说新语》：

文帝尝令东阿王七步中作诗，不成者行大法。应声便为诗曰："煮豆持作羹，漉菽以为汁。萁在釜下燃，豆在釜中泣。本自同根生，相煎何太急？"帝深有惭色。

3. 文学常识

比喻是一种常用的修辞手法，就是根据联想，用某些有类似点的事物来比作想要说的某一事物，以便表达得更加生动鲜明。也叫"打比方"。

练口才

1. 情景练习

你观看了好朋友小茹在联欢会上的舞蹈，该怎么表达自己的赞美呢？

我：小茹，你刚才跳的这个舞真好看！

小茹：真的吗？谢谢你！

我：是啊，就像一支亭亭玉立的荷花，又像＿＿＿＿＿＿＿＿。

小茹：太谢谢你啦，我以后一定会更加努力把舞蹈练好的！

2. 曹植"七步成诗"的才华是不是很令人佩服啊，看看自己能不能把这首诗背下来。

七步诗

煮豆持作羹，

漉菽以为汁。

萁在釜下燃，

豆在釜中泣。

本自同根生，

相煎何太急？

3. 一起来练习下面的童谣吧！

一园青菜成了精

出了城门往正东，一园青菜成了精，

绿头萝卜坐大殿，红头萝卜掌正宫。

江南反了白莲藕，一封战表打进京，

豆芽菜跪下奏一本，胡萝卜挂帅去出征。

白菜打着黄罗伞，芥菜前面做先锋，

牛腿葫芦放大炮，绿豆角子点火绳。

轰隆隆三声大炮响，打得辣椒满身红，

打得茄子一身紫，打得扁豆扯起棚，

打得大蒜裂了瓣，打得黄瓜上下青，

打得豆腐尿黄水，打得凉粉战兢兢。

藕王一见害了怕，一头钻进泥土中。

参考答案

1. 情景练习

我：小茹，你刚才跳的这个舞真好看！

小茹：真的吗？谢谢你！

我：是啊，就像一支亭亭玉立的荷花，又像一只在花丛里飞舞的蝴蝶。

小茹：太谢谢你啦，我以后一定会更加努力把舞蹈练好的！

第二十八课

如何学会随机应变？

唱儿歌

钟毓钟会两兄弟，少年机智得美誉。

奉旨觐见魏文帝，哥哥紧张汗水滴。

弟弟脸上却无汗，文帝发言问详细。

答曰紧张多战栗，汗水不敢流出去。

讲故事

在生活中，我们会遇到形形色色的人，面对各种各样的突发状况。这个时候就需要我们反应迅速，随机应变。这种应变能力不仅需要好口才，还得会动脑筋。

家语妈妈先给大家讲一个"汗不敢出"的小故事。我们都知道人们在紧张的时候会出冷汗，那么"汗不敢出"是怎么回事呢？大家一起来看看吧。

学过书法的小朋友可能知道钟繇吧，他被称为"楷书鼻祖"，与"书圣"王羲之并称，誉为"钟王"。

俗话说："虎父无犬子。"他的两个儿子钟毓、钟会在少年时期就名声在外。魏文帝曹丕听说这两个孩子很不同寻常，就对他们的父亲钟繇说："可以叫这两个孩子来见我。"

于是兄弟两人就奉旨进宫见皇帝。大家都知道，古时候的臣子"伴君如伴虎"，稍有不慎就会丢了性命。面对威严的皇帝，哥哥钟毓脸上一直在冒汗。

魏文帝就问他："你脸上为什么出汗呢？"

钟毓是个老实厚道的孩子，就实实在在地回答："因为我很紧张，害怕得直发抖，所以汗像水一样流出来。"听了钟毓的回答，魏文帝又转向弟弟钟会。他发现这个小孩一滴汗也没出，又问道："你的脸上为什么不出汗啊？"

钟会很尴尬，哥哥钟毓已经说了因惧怕皇帝的威仪才流汗，自己却没流汗，这不等于是说自己不怕皇帝吗？这可是犯了忌讳，会惹怒皇帝的！

要是寻常十三岁的孩子，早就吓得手忙脚乱、语无伦次了。但小钟会却灵机一动，回答道："我也是害怕得发抖，连汗水都吓得不敢冒出来了！"

小钟会一句话瞬间扭转了紧张的气氛，既解释了自己不流汗的原因，又表达了自己惧怕皇帝的威严的意思，顺理成章地拍了"龙屁"，可真是个小机灵鬼！

学魔法

相比于哥哥钟毓的老实厚道，弟弟钟会的灵动善辩，是不是更显得机敏可爱呢？钟会这种随机应变的能力值得我们学习，下面的三个小魔法可能会带给你一些灵感，快来学习吧！

第一招：学会抓特点。

故事中的钟会很会抓住特点，自己没有出汗，就把汗水说成了"不敢冒出来"，这样的解释很巧妙。

怎样抓特点呢？家语妈妈再给大家讲一个小故事。

从前，有个小孩特别聪明。一位丞相听说了，就把这个小孩叫到府上来，想戏耍一下他。丞相见这个小孩穿了一身绿，于是出了个上联挖苦他："井底之蛙一身绿。"小孩一听，心想：噢，这是在说我穿了一身绿，像井底的青蛙见识短。小孩并不着急，他瞧见相爷头戴乌纱帽，身穿大红袍，眼珠一转，对出下联：

"锅中熟蟹披大红。"丞相听了，眼珠差点掉出来，心想这小孩果然厉害。我说他是青蛙，好歹还是活的啊；他说我是螃蟹，还是死螃蟹，真是够绝的！

这个小孩是不是很让人佩服啊！面对嘲笑，他一下子就抓住了对方的特点，把对方说得哑口无言。

第二招：不拘一格的想象力。

有时候，随机应变还需要我们发挥想象力，不拘一格才能让人眼前一亮。

某著名主持人参加一档节目时，还是大学的学生。该节目考验选手在镜头前的应急应变能力，当时收视率极高。其中有个题就是让参赛者用地名造句，可以用谐音，但不允许该名词在句中是本身地名的意思。例如用"合肥"造句："我的父亲早上买了一盒肥料。"当时，该主持人遇到其中一题难度极大，要求用"呼和浩特"造句，观众们都为其捏了一把汗。而该主持人稍一沉思，随即大声答道："今天我们老师教了我们两个单词，'who'和'hot'"！

这个反应立刻博得了满堂彩，在大家都觉得要冥思苦想汉语中的谐音字时，答题者直接想到了两个英文单词。打破惯性思维，发挥想象，能够让我们说出不一样的奇妙的话。

第三招：逆向思维，出奇制胜。

小钟会就是打破寻常人认为的"害怕就会出冷汗"的惯性思维，反其道而行之，说自己"害怕得汗都不敢出"，巧妙地化解了尴尬。

我们在遇到一些情况时，也要善于运用逆向思维，打破思维常态。比如你和爸爸妈妈一起去看电影，电影刚散场时，卫生间的人特别多，大部分人都自然而然地排着队，等得很难受。这时候，你的小脑筋就要转一转：我们这场电影才结束，大家都来排这个卫生间；但其他场次的电影可能还没结束啊，为什么不多走几步，去楼上或楼下几个影厅的卫生间呢？其他楼层影厅的卫生间可能根本没人呀！

这就是逆向思维！同样的道理，在火车站、景区等人员密集的地方，大家往往都挤在离正门最近的检票口，那你何不走一条不同寻常的路呢？看似多走了几步，其实可以大大降低时间成本。聪明的你记住了吗？

长知识

1. 历史人物小名片

钟毓，字稚叔，三国时期魏国大臣，太傅钟繇之子，司徒钟会之兄。

钟会，字士季，三国时期魏国军事家、书法家，太傅钟繇幼子，青州刺史钟毓之弟。

2. 典故溯源

"汗不敢出"的故事出自《世说新语》：

钟毓、钟会少有令誉。年十三，魏文帝闻之，语其父繇曰：

"可令二子来。"于是敕见。毓面有汗，帝曰："卿面何以汗？"毓对曰："战战惶惶，汗出如浆。"复问会："卿何以不汗？"对曰："战战栗栗，汗不敢出。"

练口才

1. 情景练习

下面的情景中，你该怎样巧妙回答呢？

（你们小组的同学一起负责这周的黑板报。）

乐乐：累"死"了，为什么黑板报的画几乎都是我画啊？

我：乐乐，那是因为＿＿＿＿＿＿＿＿＿＿＿，能者多劳啊！

乐乐：那我宁愿不当这个"能者"！

我：哈哈，还没听说过有人不想让自己变得优秀，不想让

＿＿＿＿＿＿＿＿＿＿＿＿＿＿＿＿＿＿！

乐乐：哈哈哈，真是被你说服了！

2. 一起来练习下面的绕口令吧！

东边来个小朋友叫小松，

手里拿着一捆葱。

西边来个小朋友叫小丛，

手里拿着小闹钟。

小松手里葱捆得松，

掉在地上一些葱。

小丛忙放闹钟去拾葱，

帮助小松捆紧葱。

小松夸小丛像雷锋，

小丛说小松爱劳动。

参考答案

1. 情景练习

乐乐：累"死"了，为什么黑板报的画几乎都是我画啊？

我：乐乐，那是因为你画得实在太好，咱们班没人比得过，能者多劳啊！

乐乐：那我宁愿不当这个"能者"！

我：哈哈，还没听说过有人不想让自己变得优秀，不想让全班都喜欢他、感谢他呢！

乐乐：哈哈哈，真是被你说服了！

第二十九课

俗语和歇后语怎么用才合适？

唱儿歌

孔明要渡江，众人着了慌。

来了仨工匠，造船不怕撞。

诸葛忙谢过，成功渡了江。

三个臭皮匠，顶个诸葛亮。

讲故事

小朋友们有没有听过"哑巴吃黄连——有苦说不出""孔夫子搬家——净是输（书）""泥菩萨过江——自身难保""不入虎穴，焉得虎子"这类特别有意思的话呀？这些就是歇后语、俗语。

下面家语妈妈要讲的这个故事，就与一则俗语有关。生活中，有人会说："真是'三个臭皮匠'啊！"这是什么意思呢？别急，在下面的故事中就能找到答案！

诸葛亮是三国时期蜀汉的丞相，他非常聪明，每次遇到问题都能克服重重困难，想出很多的计谋。

有一天，诸葛亮要带领一大队士兵过江，可是江水很急，水中又有很多礁石，普通的竹筏和船根本过不去。诸葛亮冥思苦想，一时也没有什么好办法。

到了晚上，来了三个做牛皮活儿的皮匠，说有妙计能帮助诸葛亮渡江。诸葛亮听说后，连忙让士兵请他们过来，向他们讨教。

皮匠们说："军师只要吩咐部下们买来整张的牛皮，封好切口，让士兵往里吹气，造成牛皮筏子即可。这样的筏子既不怕水，又不怕礁石撞，如此就能过江了。"

诸葛亮按照这三人的方法制作出牛皮筏子。果然，将士们顺利过了江。

之后，"三个臭皮匠，顶个诸葛亮"这句俗语广为流传。当人们说"三个臭皮匠"的时候，就是在强调集体智慧的力量。

学魔法

当然，并不是每一则俗语或歇后语的背后都有一个历史故事。这种风趣的语言源自中国古代劳动人民的日常生活，特别接地气儿。如果运用到我们的交流中，可以让你说的话更有趣、有料、有意义。

不过俗语和歇后语也不能乱用，它们毕竟是一种口语化、通俗化的语言。下面家语妈妈就以歇后语为例，教大家几个小魔法，为我们的口才增光添彩！

第一招：联系生活，贴切运用。

歇后语就像猜谜语一样，前面是谜面，后面是谜底。我们通常在使用歇后语的时候，说出前半截，"歇"去后半截，来猜想和领会出它的本意。猜谜语也有规则，谜面虽然形象生动，但如果谜底与它离得太远，大家就会觉得驴唇不对马嘴，有卖弄之嫌。

我们在运用歇后语之前，一定要把它的意思弄清楚，确定这则歇后语是不需要费力解释，对方一下子就能领会到的。

马上考试了，你却发现自己忘记带橡皮，正着急的时候，前桌递过来半块橡皮。此时，你就可以说："太谢谢你了！这真是热中送扇、雪中送炭啊！"前桌肯定能一秒收到你的谢意，并且回以爽朗愉快的笑声！

第二招：使用"正能量"的歇后语。

大部分的歇后语是精巧的、健康的，但也有相当一部分是粗鲁、低级庸俗的。这些有侮辱性的歇后语，小朋友们一定不要学、不要用。遇到其他小朋友用这些歇后语挖苦别人的时候，要及时地劝解、制止。

乐乐天生头发比较少，当他好不容易鼓起勇气上台表演节目时，小潘却"抖机灵"说："这是秃子演戏——大家观光啊！"乐乐的自尊心受到极大的打击，"哇"的一下就哭出来了！

小朋友们可千万不要学小潘，用这样的歇后语是非常不礼貌的。记住要多使用有积极意义、正能量的歇后语，像"千里送鹅毛——礼轻情意重""芝麻开花——节节高""泰山顶上看日出——高瞻远瞩"等，这样才是高情商的好少年。

第三招：正式、庄重的场合不要用。

歇后语具有诙谐风趣的特点，在庄重肃穆的场合一般不宜使用歇后语，否则很容易闹出笑话。

在班会上，你作为小组长对本组同学的成绩进行总结汇报。其中，你要对果果同学的进步表示肯定，可以说："果果同学这次进步巨大，真是一鸣惊人。"可是如果非要用歇后语，说"果果同学半夜三更放大炮——一鸣惊人"就显得不够正式，反而会引得全班哄堂大笑，弄巧成拙。

长知识

文学常识

"歇后"这一名称最早出现在唐朝,《旧唐书》中就已经提到过所谓"郑五歇后体"(一种"歇后"体诗)。但它作为一种语言形式和语言现象,远在先秦时期就已经出现了。如《战国策·楚策四》:"亡羊补牢,未为迟也。"意思就是说,丢失了羊再去修补羊圈,还不算太晚。比喻受到损失以后想办法补救,免得再受类似的损失。

练口才

1. 情景练习

同学们,赶快"冬天不戴帽——动(冻)动(冻)脑筋",把下面几句歇后语的前半句和后半句连起来吧。如果你愿意,可以把这些歇后语讲给大家听听。

哑巴吃黄连	急于求成
兔子尾巴	多此一举
画蛇添足	长不了
芝麻开花	摸不得
拔苗助长	有苦说不出
老虎屁股	节节高

老鼠过街	假慈悲
猫哭耗子	人人喊打
铁打的公鸡	没安好心
黄鼠狼给鸡拜年	把人看扁了
门缝里瞧人	一毛不拔

2. 下面是相声《能说会道》的一个小片段，请你和同学们一起练一练。

歇前：在一次联欢会上，我请你唱支歌，你的歌唱得真好，真是飞机上挂水壶——

歇后：高水平（瓶）！

主持：这都是哪儿的事啊？

歇前：你是有名的小歌手，可以说是高山上打大锣——

歇后：四方闻名（鸣）！

主持：我唱不好。

歇前：你别水仙不开花——

歇后：装蒜了。

主持：我最近着了凉，喉咙痛。

歇前：那你就和同学表演双簧吧！你只做动作，不说话。表演结束后，大家热烈鼓掌，我大声嚷：××的表演真是狗撵鸭子——

歇后：呱呱叫！

主持：你说得真逗乐！

歇后：这就是幽默风趣。不过，使用这种语言要注意场合，不能为了显示自己能说会道，随便乱说。

主持：哦？

歇前：不信咱们再试试。譬如有一次，你住医院，我到医院来看望。听说你住医院，我是孙悟空大闹天宫——

歇后：慌了神。

主持：你可别到这儿来大闹啊！（呻吟）

歇前：你哪儿不舒服？

主持：（指头）痛！

歇前：我看不要紧，好比是牛身上拔根毛——

歇后：无伤大体。

主持：我成牛了！（大叫）哎哟！

歇前：病得还挺厉害，唉，我是大象逮跳蚤——

歇后：有劲使不上！

歇前：是和尚的脑袋——

歇后：没法（发）！

主持：什么乱七八糟的，走！

歇后：我说得没错吧。歇后语一定要用得贴切、自然，不能乱用。

主持：对。

歇前：咱俩的演出也该结束了，说句歇后语下场吧。

歇后：那就请你先说。

歇前：行，我和你都是唱戏的忘了台词——

歇后：赶快下台。

参 考 答 案

1.情景练习

哑巴吃黄连	急于求成
兔子尾巴	多此一举
画蛇添足	长不了
芝麻开花	摸不得
拔苗助长	有苦说不出
老虎屁股	节节高
老鼠过街	假慈悲
猫哭耗子	人人喊打
铁打的公鸡	没安好心
黄鼠狼给鸡拜年	把人看扁了
门缝里瞧人	一毛不拔

第三十课

如何在辩论中提高自己的思辨能力？

两个小孩搞辩论，孔子下车听端详。

太阳公公东边起，远近高低成了谜。

一说中午太阳小，近大远小没商量。

一说中午很炎热，早上离远才凉爽。

孔子听罢也迷糊，长江后浪推前浪。

讲故事

大家有没有观看过辩论赛呢？如果看过的话，你一定对辩手们的唇枪舌剑和比赛的紧张气氛印象深刻吧！

大圣人孔子也曾经被辩手们搞得晕头转向，更让人觉得不可思议的是，这两位辩手居然是两个小孩子。这是怎么回事呢？一起来读读"两小儿辩日"的故事吧。

有一次，孔子周游列国，在去往东方的路上，有两个小孩在路边为一个问题争论不休。孔子很好奇，就让马车停下来，走到跟前问："你们在争论什么呢？"

两个孩子告诉孔子，他们在争论早晨和中午的太阳，哪一个距离人们更近。

一个孩子说："我认为早晨的太阳离人近，中午的离人远。因为早晨的太阳看起来有车盖那么大，中午的太阳看起来只有菜盘子那么小。肯定是离得越近看起来越大，离得越远才看起来越小啊。所以早上的太阳近，中午的太阳远。"

孔子听了，觉得有道理。但还没等他点头，另一个孩子马上反驳说："不对！早上太阳刚升起来时，感觉凉飕飕的；到了中午，就感受像是把手伸进热水里一样。这不正是离得远感到凉，离得近觉得热的道理吗？"

孔子一听，也觉得有道理。两个孩子看到孔子的样子，急得直跺脚，拉着孔子的手说："夫子，您可得给我们评评理，到底谁说得对呀!"

孔子一时也很难判断,两个小孩笑了起来,说:"都说您知识渊博,无所不知,原来您也有不懂的地方啊!"

学魔法

故事中的两个小朋友说话有理有据,把孔子都给难住了,是不是很厉害啊?虽然我们生活中不需要像辩论赛那样保持思维的高速运转,但是辩论对于锻炼思辨能力,提高反应速度,尤其是培养独立思考的能力有非常重要的作用。培养自己的思辨能力,能大大提高我们与人沟通的效率,那么快来学习下面的小魔法吧!

第一招:亮明态度,表明观点。

我们在进行讨论时,最好能够做到开门见山,尤其是要向对方传递信息或者在比较正式的场合时,支持什么、反对什么,都必须鲜明地表达出来。

有一次,家语放学回家跟我说,他们班的班干部向老师反映同学"讲小话""打架"的情况,有同学就说这几个班干部是"告密者"。看起来,在学校里这种现象是比较普遍的。于是我就和家语一起讨论了"学生该不该向老师打小报告"这个话题。

作为正方,我首先亮明自己的观点。我认为班干部正常给老师汇报没有错,这就是班干部的责任呀,有错的是做错事的同学。即使是向老师打小报告,也是为了这位同学好,希望他能改掉坏毛病、坏习惯。

家语作为反方也表明了自己的观点："我认为不应该什么事都向老师告状。能自己处理的事情没必要都向老师反映。班干部是干啥的？不就是帮助老师减轻管理班级负担的嘛！同学之间小打小闹这些鸡毛蒜皮的小事，就不用向老师反映了。"

大家看，面对问题，并不是非要争论出谁对谁错。通过辩论，提出自己认真思考后的观点，会让我们对问题的认识更加全面、深刻，帮助我们不断进步。同学们在家里可以和爸爸妈妈开一场小小的辩论会。

现在升学或求职的面试中，往往有一个环节叫"无领导小组讨论"，就是大家围坐在一起，针对一个指定主题自由发言。在这个环节里，你要怎样不被淹没、而是被考官一眼看中呢？

关键的一点就是有自己的观点，而不是人云亦云。比如当很多人都跟着说"我也认为某某同学说得对，理由其实也跟他的差不多"时，你可以旗帜鲜明地亮出自己的观点：我不是很同意这位同学的观点。我认为如何，这样说的现实依据是什么，如果不这样会如何。

相信你明确的观点、清晰的表达，一定会让考官眼前一亮，为你加分！

第二招：逻辑严密，层次分明。

思辨最重要的就是逻辑。在表述自己的观点时，必须讲究逻辑层次。

故事中的第一位小朋友在表达自己的论点时，就先亮出自己的观点，然后描述太阳从早上到中午的变化，最后用大家都认可的道理来证明自己的观点。这样的表达思路清晰，让人听得很明白。

如果你参加辩论，尤其得注意表达观点时要层次分明，第一点讲什么，第二点讲什么，第三点讲什么，清清楚楚，明明白白。即使不是参加辩论赛，在其他场合做演讲或参与小组讨论时，小朋友们也要在开口之前对自己的思路有一个大致的梳理。一般情况下，要把比较重要的部分放在前面讲，而把补充性质的内容放在后面来说，分清主次，有条不紊。你可以用"首先……其次……再次……最后……"的结构来让层次更加鲜明。比如在植树节班会上的发言，你可以说："首先，我们要树立环保的意识；其次，学习必要的环保知识；最后，在实践中开展环保行动。"

如果有需要补充的信息，可以用"另外""除此之外""值得一提的是"等连接语，把你想要传达的东西自然地加上去，那样就不会显得结构混乱了。

第三招：找准问题，敢于追问。

辩论中有一个叫"攻辩"的环节。在这一环节中，一方会向另一方发出质问。故事中，第二个说话的小孩就是使用了反问的语气，把自己的观点表达得更加掷地有声。

你和小朋友们一起讨论"扶不扶摔倒的老人"的问题，有的同学振振有词地说："我还是小孩子，遇到老人摔倒了，我就不去添乱了，肯定一会儿就有大人去帮忙。"这时，你可以说："'老吾老，以及人之老。'如果是你家的爷爷奶奶摔倒在地，你也希望旁边的人装作没看见，都等着别人去扶吗？"相信你的反问一定会让他哑口无言。

当然，辩论和演讲中还有一些小技巧：引用名言警句、古诗词，排比句和循环句的运用。还有很多的方法，有待同学们自己去发现。

长知识

1. 历史人物小名片

孔子，名丘，字仲尼，春秋时期鲁国人，思想家、教育家，儒家学派创始人，被后人尊称为"孔圣人"。有弟子三千，其中贤人七十二。

2. 典故溯源

"两小儿辩日"的故事出自《列子·汤问》：

孔子东游，见两小儿辩斗，问其故。

一儿曰："我以日始出时去人近，而日中时远也。"

一儿以日初出远，而日中时近也。

一儿曰："日初出大如车盖，及日中则如盘盂，此不为远者小而近者大乎？"

一儿曰："日初出沧沧凉凉，及其日中如探汤，此不为近者热而远者凉乎？"

孔子不能决也。

两小儿笑曰："孰为汝多知乎？"

练口才

1. 情景练习

下面是一个精简版本的辩论赛流程，辩题是"小学生应不应该有自己的手机"。请你试着把正反两方的内容都补充完整。

正方

亮明观点：小学生应该有自己的手机。

说明理由：

① _____。

② _____。

③ _____。

正方质疑反方：_____

_____

_____

_____

_____。

反方

亮明观点：_____

_____。

说明理由：

① _____。

② _____。

③ _____。

反方质疑正方：_____

_____

_____

_____

_____。

2. 小朋友们，让我们一起练习下面的绕口令吧!

石小四，史肖石，一同来到阅览室。

石小四年十四，史肖石年四十。

年十四的石小四爱看诗词，年四十的史肖石爱看报纸。

年四十的史肖石发现了好诗词，忙递给年十四的石小四，

年十四的石小四见了好报纸，忙递给年四十的史肖石。

参 考 答 案

1. 情景练习

正方	反方
亮明观点：小学生应该有自己的手机。	亮明观点：小学生不应该有自己的手机。
说明理由：	说明理由：
① 用于紧急情况。	① 不利于专心学习。
② 便于查询信息。	② 易造成财物损失。
③ 促进同学交流。	③ 滋生攀比心理。
正方质疑反方：	反方质疑正方：
①任何东西利用不好都会影响学习，合理利用手机不仅不会影响学习，还有助于学习。	①获取信息的方式有很多种，一定要靠手机吗?
②只要我们保持警惕，就不会造成不必要的财物损失。	②除了手机，同学之间有很多沟通交流的方式，手机并不是必需品。

第三十一课

如何让话语更有分量？

唱儿歌

群臣劝谏赵太后，爱子如命暴脾气。

触龙巧借脚有疾，拉近关系奔正题。

父母爱子都一样，感同身受懂心意。

若想建议被采纳，对方利益摆第一。

讲故事

小朋友们，你们会不会觉得有时候说话没人愿意听，自己的建议似乎无足轻重？甚至有时候对方不仅不领情，还怪你多管闲事，这可怎么办才好呢？怎样让我们说的话更有分量呢？家语妈妈先讲一个"触龙说赵太后"的故事吧。

故事发生在战国时期的赵国，赵国国君惠文王刚去世，他的儿子孝成王继位。因为当时新君年轻，所以暂时由赵太后代国君处理国事。

这时，秦国趁机侵犯赵国，赵国形势危急，赵太后向齐国求救。齐国却表示："你们要把赵太后最爱的儿子长安君交到齐国为人质，我们才肯发兵救赵国。"大臣们纷纷劝说赵太后接受齐国的条件，可是赵太后太爱这个小儿子了，直接对群臣骂道："谁再敢跟我提把长安君送去当人质这件事，我就把唾沫直接吐到他脸上！"

这时候，有个叫触龙的大臣来见太后。太后知道他肯定也是来说这事的，正准备把他痛骂一顿出出气呢，却只见触龙小碎步走到自己跟前说："老臣年纪大了，腿脚不好，好长时间没来看您啦！您近来身体可好啊？"太后倒是有点意外，触龙竟然没提让长安君当质子的事，脸色略微缓和，说："我也是脚有毛病，出门就坐车。"触龙又关心地问："您每日用餐还好吗？"太后点点头，说："也就勉强喝点粥吧。"触龙叹了口气，继续说道：

"我近来也是胃口不好，但还能勉强散步，让自己多走走路，身体就舒服点儿，食欲也好点儿了。"太后听了，觉得这老伙计和自己也是同病相怜啊，都是老来多病，脸色又缓和了些，说道："唉，我可做不到啊！"

触龙看太后没那么怒气冲冲了，就继续和太后唠家常："老臣的小儿子舒祺很不成器，可我最疼爱他，想让他进宫当个卫士，所以今天特地冒死来跟您说说这事儿。"太后一听，以为触龙是来为孩子谋职，当即就说："没问题啊。你小儿子多大了？"触龙说："才十五岁，年纪还小，可是我想趁自己没死之前，都帮他安排好。"太后问："男人也是最疼爱小儿子吗？"触龙说："可不嘛，比女人还要更宠呢！"原来为人父母的心情都是一样的啊，太后笑了，说："还是女人更宠小儿子吧！"触龙却说："可是我看您宠女儿胜过宠小儿子啊！"太后笑着摇摇头，说："你错了，我还是更宠小儿子长安君啊。"触龙笑着说："父母爱孩子，都会为他考虑长远的利益。您虽然想念远嫁的女儿燕后，可是却不想她回到您身边。从来都是祈祷她千万不要被婆家赶回来，不正是希望她在燕国过得好、她的子孙世代为王吗？"太后点点头，说："我确实是这样想的。"

触龙继续说："不论是咱们赵国王室的子孙，还是其他诸侯国的子孙，传了三代之后，还有继续做诸侯王的吗？"太后说："没听说过有啊。"触龙凝视着赵太后的眼睛，诚恳地说："就是因为诸侯王的子孙都地位尊贵，享尽了荣华富贵，却没有什么功劳，所以迟早都要遭受祸患，没能将王位传承下去。您现在给长安君尊贵的地位，给他封地、珍宝，让他享受这一切，却不让他为国立功。有朝一日，您不在世了，长安君还能依靠谁呢？他凭什么在赵国立身呢？所以我觉得您为这个小儿子考虑得太短浅了，您对他的爱不如对燕后的爱深啊。"太后恍然大悟：自己只看到眼前，不想让心爱的小儿子去受苦，却没为他考虑得更长远。这不是爱他，反而是害他啊！于是太后心悦诚服地对触龙说："行了，你说得对啊，长安君就任你指派吧。"

之后，长安君在严密的保护下到了齐国做人质，齐国这才派兵救赵国，解除了赵国的危机。

学魔法

同学们，相比于那些被赵太后劈头盖脸一顿痛骂的大臣，触龙的劝说是不是显得格外成功呢？这个说服的过程看似唠家常，其实却蕴藏着十分高超的交际技巧，你都品出来了吗？快来学学吧！

第一招：转移话题，避免正面冲突。

当一个人正在气头上的时候，即使你是好心，也很可能没等你张嘴，他就说："你别说了，我不想听！"如果你坚持给他讲道理、提建议，则会适得其反。不仅达不到劝说的目的，反而双方可能大吵一架，不欢而散。这时候，我们要像触龙一样，别那么着急地直奔主题，先聊点别的，转移一下话题，缓和一下气氛。

等对方心情好些了，情绪没那么激动了，再娓娓道来。对方只有在理智的状态下，才更有可能认真思考你的建议。

你的同桌豆豆发现自己的英语小测试得了全班最低分，她哭着对你说："单词我明明都背了，为什么还是学不好？我就是笨，我不上学了，我要回家！"她生气地把书本"啪"的一下摔在桌上。你要怎么办呢？如果你对她说"慢慢来，学习不能着急"，她可能会哭得更厉害，并且回怼你："你当然不着急了，你分数那么高！你就是站着说话不腰疼！"这样的话，是不是双方都尴尬了呢？不妨试试转移一下她的注意力，说点儿让她开心的事情。你可以说："语文老师昨天把你的作文贴在小黑板上展示，你的作文写得好，字也好看，我们都得向你学习呢！"或者你还可以说："你回家的话，我就没有同桌了呀！我上课打瞌睡的时候，谁看着我呢？别人肯定不会像你这么关心我，没有你的话，我的生活一定无聊透了！"总之，聊些轻松的话题，让她的情绪缓和下来，她才会有兴趣听你接下来的话。

第二招：感同身受，引起情感共鸣。

触龙问候太后的身体、饮食，聊起自家孩子的前途问题，都正好切中了赵太后的心理。哪个老人不忧愁自己的健康、不焦虑孩子的前程呢？接着，过渡到太后既然爱女儿燕后，为她做长远的打算，那么也应该正确地爱小儿子长安君。这样聊下来，触龙就引起了太后情感上的共鸣，减少了太后的怒气，拉近了距离。这就启发我们说话时要先感同身受，设身处地地为他人着想，理解对方情绪的合理性，并将这份理解表达出来。

邻居布布养的小乌龟死了，他闷闷不乐，不说话，也不吃饭。不论他的妈妈讲什么，布布都不理，于是布布妈妈希望他的好朋友——你去劝劝他。你会像大人们一样若无其事地说："死了就再买一只呗，有什么好哭的？"还是理解他将小乌龟看作朋友，为自己没有照顾好朋友而自责的感受呢？相信善良的你一定能将心比心，理解他的难过，真心地对他说："小乌龟不会怪你的，它和你在一起的这段时间里，每天都很开心。我知道你舍不得你的乌龟朋友，我们一起埋葬它，好不好？以后会有小花小草陪伴它，它不会孤独的！"你的关心一定会让布布得到宽慰，他也会从难过中走出来的。

第三招：以利为引，顾及对方利益。

当我们想要劝说别人时，如果不能维护对方的利益，即使再巧舌如簧、口若悬河，说的也都是不疼不痒的话。

触龙能打动赵太后，并不在于他说的话有多么动听，而是出于维护太后利益的考虑，与太后建立"父母爱孩子，必须为孩子作长远打算"的共识。为了让长安君今后能够在赵国立足，触龙完全站在太后和长安君的立场上说理，这才让赵太后心悦诚服。因而在提出意见或建议的时候，要想让你的话语更有分量，不仅要以情动人，更重要的是顾及对方的利益。

你的朋友淘淘很讨厌运动，总是以拉肚子或是头疼为借口逃避跑操。当你用"我希望你可以陪我一起跑操""没有你的陪伴，我会坚持不下去的"这类理由劝他参加跑操时，通常是很难成功的。因为你的劝说，出发点是自己的利益，而不是他的利益。只有让淘淘认识到不参加跑操会使自己的利益受损，才能改变他的观念、激发他的动力，从根本上解决懈怠的问题。对他讲明体育运动的深刻意义："体育考试是我们每个人都不能回避的，就算你其他科目成绩再好，中考体育不合格，也是没办法升入理想学校的。不论是初中、高中，还是到了大学，体育都是必考的科目。你只有参加足够的体育运动，才可以顺利地完成学业；只有健康的身体，才能陪伴你完成梦想呀！"当你为他阐明了利害关系，让他意识到这涉及他自身的根本利益，不好好运动就会有一系列的危害时，相信淘淘同学一定能在你的引导下，做出正确的选择。

长知识

1. 历史人物小名片

触龙，战国时期赵国大臣。

赵太后，战国时期赵孝成王的母亲赵威后。

长安君，战国时期赵国的公子，赵孝成王的弟弟，赵威后的小儿子。

2. 典故溯源

"触龙说赵太后"的故事出自《战国策》：

赵太后新用事，秦急攻之。赵氏求救于齐，齐曰："必以长安君为质，兵乃出。"太后不肯，大臣强谏。太后明谓左右："有复言令长安君为质者，老妇必唾其面！"

左师触龙言愿见太后。太后盛气而揖之。入而徐趋，至而自谢曰："老臣病足，曾不能疾走，不得见久矣，窃自恕，而恐太后玉体之有所郄也，故愿望见太后。"太后曰："老妇恃辇而行。"曰："日食饮得无衰乎？"曰："恃粥耳。"曰："老臣今者殊不欲食，乃自强步，日三四里，少益耆食，和于身也。"太后曰："老妇不能。"太后之色少解。

左师公曰："老臣贱息舒祺，最少，不肖，而臣衰，窃爱怜之，愿令得补黑衣之数，以卫王宫。没死以闻！"太后曰："敬诺。年几何矣？"对曰："十五岁矣。虽少，愿及未填沟壑而托之。"太后曰："丈夫亦爱怜其少子乎？"对曰："甚于妇人。"太后笑曰："妇人异甚！"对曰："老臣窃以为媪之爱燕后，贤于长安君。"曰："君过矣，不若长安君之甚。"左师公曰："父母之爱子，则为之计深远。媪之送燕后也，持其踵为之泣，念悲其远也，亦哀之矣。已行，非弗思也，祭祀必祝之，祝曰：'必勿使反。'岂非计久长，有子孙相继为王也哉？"太后曰："然。"

左师公曰："今三世以前，至于赵之为赵，赵王之子孙侯者，其继有在者乎？"曰："无有。"曰："微独赵，诸侯有在者乎？"曰："老妇不闻也。""此其近者祸及身，远者及其子孙，岂人主之子孙则必不善哉？位尊而无功，奉厚而无劳，而挟重器多也。今媪尊长安君之位，而封之以膏腴之地，多予之重器，而不及今令有功于国，一旦山陵崩，长安君何以自托于赵？老臣以媪为长安君计短也。故以为其爱不若燕后。"太后曰："诺。恣君之所使之。"

于是为长安君约车百乘，质于齐。齐兵乃出。

练口才

1. 情景练习

东东在公园的灌木丛里捉了好多蜗牛带回家，想当宠物养，却被妈妈以"野生蜗牛身上有很多细菌"为由扔掉了。东东一气之下"离家出走"来找你，你该怎么做呢？

东东：我妈妈偷偷把我的蜗牛都扔掉了，我不会原谅她的！我再也不想回家了！

我：_____？

东东：是啊，我就顾着生气了，还没吃饭呢，饿坏我了！

我：我明白你的感受，_____。

东东：要是你的话，你也一样生气啊，对吧？我要离家出走，你一定得帮帮我！

我：我这有一个面包可以给你吃。但是如果你不回家，你以后就没有零花钱，你也_____，你的生活就彻底一片混乱啦！

东东：是啊，离开爸爸妈妈，我可怎么办啊……我还是回去吧！

2. 小朋友们，让我们一起练习下面的绕口令吧！

六十六岁的陆老头，盖了六十六间楼，

买了六十六篓油，养了六十六头牛，

栽了六十六棵垂杨柳。

六十六篓油，堆在六十六间楼；

六十六头牛，扣在六十六棵垂杨柳。

忽然一阵狂风起，吹倒了六十六间楼，

翻倒了六十六篓油，折断了六十六棵垂杨柳，

砸死了六十六头牛，急煞了六十六岁的陆老头。

参 考 答 案

1. 情景练习

东东：我妈妈偷偷把我的蜗牛都扔掉了，我不会原谅她的！我再也不想回家了！

我：你看你，气冲冲地跑出来，是不是晚饭都没吃呀，饿不饿？

东东：是啊，我就顾着生气了，还没吃饭呢，饿坏我了！

我：我明白你的感受，我妈妈有时候也会不经过我的允许，就丢掉我的东西，我很不喜欢她这么做。

东东：要是你的话，你也一样生气啊，对吧？我要离家出走，你一定得帮帮我！

我：我这有一个面包可以给你吃。但是如果你不回家，你以后就没有零花钱，你也没地方住，没衣服穿，没法上学，还可能被坏人欺负，你的生活就彻底一片混乱啦！

东东：是啊，离开爸爸妈妈，我可怎么办啊……我还是回去吧！

第三十二课

怎样恰当把握说话的时机？

多说是否会有益，子禽来把问题提。

墨子老师巧分析，运用对比来答疑。

蛤蟆青蛙呱呱叫，从早到晚没人理。

雄鸡报晓天下动，适时啼鸣才相宜。

讲故事

小朋友们，你们有没有遇到过这样的人：他们说起话来口若悬河、滔滔不绝，仿佛三天三夜也讲不完。大家会不会觉得这样的人很厉害，很羡慕他呢？但其实啊，话并不是说得越多越好，话说得多并不是多了不起的事情。恰当把握说话的时机，当说则说，才是真本事啊！

那么什么是恰当的说话时机，怎样恰当地把握说话的时机呢？家语妈妈先讲一个"多言何益"的故事吧。

有一天，子禽向他的老师墨子请教这样一个问题："老师，请问多说话有好处吗？"墨子没有直接回答，而是给他打了个比方："癞蛤蟆、青蛙、苍蝇，不管白天还是黑夜都一直叫个不停，叫得口干舌燥，然而没有人去听它们的，它们叫得再多都是白叫。你再看那报晓的雄鸡，它只在黎明的时候啼叫，却能让天下震动，让人们听到它的叫声都早早起床。所以你看，多说话有什么好处呢？重要的是话要说得契合时机。"

学魔法

小朋友们，你们是想做一鸣而天下震动的报晓雄鸡，还是想做叫个不停却无人理会的聒噪青蛙呢？快来学习这几个小魔法，你也能像报晓雄鸡一般，说得恰当、说得高效！

第一招：说话要看准时机，伺机而动。

有个成语是"伺机而动"，"伺"就是观察，意思是要观察好时机再采取行动。说话也是如此，要等候时机，不是越早越好，越多越好，而是适时最好。

妈妈周末在家办公，交给你一个小任务：提醒她下午三点半出门办事。很多小朋友可能会想："我可千万不能忘了，我得多提醒妈妈几次。"于是一点说一次，一点半说一次，两点说一次，两点半又一次……总之，过一会儿就说一次。不仅没有帮到妈妈，反而总是打断妈妈的思路，影响妈妈正常的工作，让妈妈感到很烦躁。这就是不懂得看准时机的不当做法。聪明的你其实完全不必这么麻烦，等到三点钟的时候，你去敲妈妈的门，对妈妈说："妈妈，你还有半个小时就该出门了，现在是不是需要准备一下呢？"妈妈一定会夸你："多亏了宝贝的提醒，半个小时正好！"

除了这个事例，生活中的很多情况都需要我们观察时机，比如小组讨论中何时发表意见、课堂上何时举手发言、课后何时找班主任老师倾诉心事。只有时机恰当，才能事半功倍。

第二招：话要说到点上，抓住关键。

生活中，有些不善于表达的人经常说话绕来绕去的，迟迟切入不了正题，这就让听的人干着急。既耽误了双方的宝贵时间，又达不到说话人的目的。

小朋友们以后可能会参加各种类别的比赛，有些会有面试的环节，一般会要求本人先做两到三分钟的自我介绍。有些小朋友会说一些不太要紧的话，比如我喜欢什么颜色、我去过哪些地方等，还没等说到自己的特长和荣誉呢，时间就到了，只能尴尬地走下台，面试失败。因此，话要说到点上，学会抓关键、抛亮点，吸引大家的注意力，让评委迅速了解你。你可以这样介绍自己："我叫张甜甜，今年十二岁，来自花园学校。我想从以下三个方面介绍自己：一是我学习了六年的芭蕾舞，有很多舞台表演的经验；二是我曾多次参演学校剧社的歌舞剧节目，扮演过很多角色；三是我热爱表演，成为一名演员是我一直以来的梦想。因此，我勇敢地走上'小小演员'的舞台，希望大家支持我，谢谢！"

像这样进行自我介绍，层次清晰，重点突出。每一句都有一个关键点，每一点都是一个加分项，一定会让你与众不同、脱颖而出！

第三招：运用对比的方法，说理有力。

俗话说："没有对比，就没有伤害。"通过对比，可以更好地呈现事物之间的差异，让我们更容易分辨出好与坏、优与劣。就像墨子为学生说明适时说话比说得多更重要时，就用乱叫的蛤蟆和报晓的雄鸡对比。我们想要说明一种事物优点的时候，就可以用另外一种事物来和它对比，从而凸显前者。

当你发现同桌乐乐打算偷偷打小抄、作弊的时候，你想劝说他、帮助他认识到作弊的严重性，那么就可以用不作弊的结果与作弊的后果进行对比："你正常考试，最坏的结果就是没考好，分数不高而已，没什么关系的。可是如果你作弊的话，教室里有摄像头，还有监考老师，很容易就发现你在搞小动作。这样，老师就会把你的爸爸妈妈叫到学校来，甚至可能在全校通报批评你。那你以后在学校可怎么抬得起头啊？你的爸爸妈妈也一定会对你失望的！这后果可太严重了！"

"两害相权取其轻"，也就是在两种难以避免的不利的情况中，选择一个比较轻的、较为容易承受的情况。通过对比两种结果的影响，很容易让对方明白哪种才是正确的选择。善于运用对比的方法，可以让你的建议更有说服力。

长知识

1. 历史人物小名片

墨子，名翟，墨家学派创始人，提出了"兼爱""非攻""尚贤"等观点，被后世尊称为"科圣"。

2. 典故溯源

"多言何益"的故事出自《墨子》：

子禽问曰："多言有益乎？"墨子曰："虾蟆蛙蝇，日夜恒鸣，口干舌擗，然而不听。今观晨鸡，时夜而鸣，天下振动。多言何益？唯其言之时也。"

练口才

1. 情景练习

你和毛毛想去办公室找班主任老师，向老师请求调整值日时间。

毛毛：伊伊，我们去找老师说一下值日分工的事情吧。如果能调到星期一，就不影响参加社团活动了。

你：现在去找老师吗?

毛毛：我刚看到老师在批改卷子呢，那我们现在就过去吧?

你：_____。

（于是你们在老师批改完卷子、在茶歇室休息的时候，去找老师商量。）

毛毛：老师，我和伊伊都特别喜欢打羽毛球，我们平时只要有空闲时间就一起打羽毛球。伊伊打得特别好，所以她是羽毛球社的副社长，还有，我也是羽毛球社的……

老师：啊，这样啊。你们来找我是想说什么事情呢?

你：抱歉，老师，耽误您的时间了。我们长话短说，_____

_____?

老师：可以的，没问题。不过要从下星期一开始执行，今晚你们放学后还是要值日的。

（放学后，你和毛毛应该留下来打扫卫生。这时，也恰好是羽毛球社训练的时间。）

毛毛：伊伊，要不我们别打扫卫生了，偷偷跑去打羽毛球吧，反正就这一次嘛！

你：值日是我们应该尽到的义务，不过是错过半个小时的训练时间而已；如果因为偷跑掉而导致班级卫生不合格被扣了分，那么＿＿＿＿＿＿＿＿＿＿＿＿＿＿＿＿＿＿＿＿＿！你觉得哪个后果更严重呢？

毛毛：你说得对！那好，我们把教室打扫干净后再去！

2. 小朋友们，让我们一起练习下面的绕口令吧！

（1）

八班长姓潘，五班长姓关。

潘班长要管关班长，

关班长要管潘班长。

都是班长，

潘班长管不了那关班长，

关班长也管不了那潘班长。

（2）

冬冬和锋锋，晴空放风筝。

冬冬放蜻蜓，锋锋放雄鹰。

迎面空中起东风，蜻蜓、雄鹰乘风行。

参 考 答 案

1. 情景练习

毛毛：伊伊，我们去找老师说一下值日分工的事情吧。如果能调到星期一，就不影响参加社团活动了。

你：现在去找老师吗？

毛毛：我刚看到老师在批改卷子呢，那我们现在就过去吧？

你：现在去可能不太合适，老师正在忙，我们不要打扰老师工作啦。等老师忙完了，我们再去说吧。

毛毛：老师，我和伊伊都特别喜欢打羽毛球，我们平时只要有空闲时间就一起打羽毛球。伊伊打得特别好，所以她是羽毛球社的副社长，还有，我也是羽毛球社的……

老师：啊，这样啊。你们来找我是想说什么事情呢？

你：抱歉，老师，耽误您的时间了。我们长话短说，我和毛毛由于羽毛球社的训练时间和值日时间冲突，想麻烦您帮我们把值日时间从星期五调整到星期一，您看可以吗？

老师：可以的，没问题。不过要从下星期一开始执行，今晚你们放学后还是要值日的。

毛毛：伊伊，要不我们别打扫卫生了，偷偷跑去打羽毛球吧，反正就这一次嘛！

你：值日是我们应该尽到的义务，不过是错过半个小时的训练时间而已；如果因为偷跑掉而导致班级卫生不合格被扣了分，那么就得不到流动红旗了，老师和同学们一定会责怪我们！你觉得哪个后果更严重呢？

毛毛：你说得对！那好，我们把教室打扫干净后再去！

后　记

　　作为从事青少年节目二十多年的主持人、制片人，我接触过成千上万个家庭和这些家庭中优秀的孩子们。在他们中间，虽然有一路走来光环闪耀的童星，但更多的还是来自普通家庭的孩子。无论家庭背景如何，优秀的孩子们都有一个共同的特征：他们都有着非常卓越的语言表达能力，不仅观点明确，还逻辑清晰、富有感染力。同时，他们都有良好的性格和品质，懂得怎么和别人交往。

　　说白了，都是情商高、会表达的孩子。

　　那我们的孩子如何才能成为"别人家的孩子"呢？

　　我认为还是要回到从前，从中华上下五千年的文明中去寻找智慧，寻找提升情商、学习口才的魔法！

　　巍巍华夏、泱泱大国，自古就有很多脍炙人口的经典故事："毛遂自荐"的故事里，关键时刻勇于展示自己的毛遂得到了出使楚国的机会；"晏子使楚"的故事中，晏子以"针尖对麦芒"的态度，维护了自己和国家的尊严；苏秦逐个说服六国参与合纵；张仪离间齐楚联盟……这些"三寸之舌，强于百万雄兵；一人之辩，重于九鼎之宝"的故事，无不彰显着语言表达的智慧和魅力。

　　这本书引导孩子把中国传统文化中的智慧运用到当下生活中，以情景模拟、角色扮演的方式，帮助孩子解决问题，锻炼口才，培养情商。这些沉淀着中华民族精神和传统美德的故事，浓缩了中国人做人做事的智慧。它们最终会融入孩子们的血脉之中，构成他们综合素质和能力中最核心、最耀眼的一部分，对他们的人生发展产生巨大的影响。

这也是我写作这本书的初衷。希望中国新生代的孩子们能借助经典的智慧，涵养自己的品格，开阔视野、丰富思维、学会表达。这样未来的他们，在独闯世界的时候，会变得更加勇敢！

本书的内容原是喜马拉雅（音频分享平台）的音频专栏，今日集结成书，在内容上多有增益。

在此，要特别感谢著名教育专家、山东教育社原总编辑陶继新先生对本书的推荐，得到他的肯定和支持，我深感荣幸。陶继新先生在百忙之中抽时间翻阅我的书稿，又和我进行了深入的交流，欣然同意为本书作序。我知道，作为一位教育专家与学者，他对书稿有着极为"挑剔"的眼光。从先生身上，我看到了中国教育学者的风范和对教育的大爱，在此再次向先生表示敬意和感谢！

同时，还要感谢著名曲艺作家、评论家孙立生先生对我的支持和帮助。孙先生作为全国有影响力的曲艺大家，"蹲下来""弯下腰"，亲自为孩子们创作了很多趣味盎然的童谣。我书中的童谣即是在他的启发和指导下创作完成的。先生对于艺术创作的执着追求是我一生的榜样。

感谢山东教育出版社和这本书的编辑张虎老师和孙文文老师，他们使这本书得以正式出版，被更多的家长和孩子看到。

书中也提到了我的女儿家语。她只是一个普通的孩子，也在不断成长。我只是想通过还原她的一些生活场景，引发更多少年儿童的思考和共鸣。我要感谢女儿让我重新体验了一次生命的意义，我的很多教育思考都是在陪伴她成长的过程中有感而发。

同时，好友张春华、张玉香对该书提出了很多宝贵的修改意见，刘明统、张豆豆、秦岭枫、崔宇贺、李吉欣也参与了本书的策划和部分章节的修改，一并表示感谢！

如果读者朋友对本书的观点有疑问、持有不同意见，或者有什么需要咨询和反馈的，欢迎通过邮箱和微信公众号与我联系。我愿意尽我所能和大家沟通交流，互相学习。

让我们一起陪伴孩子成长！

邮箱：334732615@qq.com

微信公众号：家语妈妈故事屋